GLENN DOMAN

J'APPRENDS À LIRE À MON BÉBÉ

Lire avant 4 ans

Traduit de l'anglais par
Janine Michel

Préface de Rachel Cohen

RETZ
1, RUE DU DÉPART
75014 PARIS

Table des matières

Préface

Quand, en 1965, paraissait pour la première fois l'édition française de l'ouvrage de Glenn Doman « J'apprends à lire à mon bébé », les réactions furent fort diverses et parfois même violentes. Les uns crièrent au scandale; les autres, prenant l'auteur pour un plaisantin ou un farfelu, considérèrent l'ouvrage comme une facétie; enfin une troisième catégorie de personnes – et elles ne furent pas très nombreuses dans les premiers temps – prirent l'ouvrage au sérieux, le lirent avec attention et certains firent même des essais. Quelle ne fut leur surprise de constater que la « Méthode Doman » était fructueuse et qu'un tout jeune enfant (4 ans? 3 ans? 2 ans? avant même?) pouvait apprendre à lire avec facilité et joie sans qu'il soit nécessaire d'attendre l'âge fatidique de 6 ans, l'âge de la « grande école »!
Depuis, Glenn Doman a reçu des milliers de lettres de mères de trente nations différentes, confirmant le plaisir et le succès de l'apprentissage de la lecture de leur bébé. Cette correspondance internationale est une source permanente de satisfactions pour Glenn Doman, qui a poursuivi ses recherches dans le domaine des apprentissages précoces. Après avoir écrit : « Comment multiplier l'intelligence de votre bébé » (et Doman considère le sens de ce titre comme littéralement exact), il achève présentement la rédaction de « Comment apprendre la mathématique à votre bébé ». Ce nouvel ouvrage est la synthèse d'une longue expérience qui prouve que des enfants de 3 ans peuvent calculer plus rapidement que leurs parents!

Ces travaux, qui peuvent paraître aberrants et choquants à certains, ne le sont pas quand on les replace dans le contexte actuel des travaux de recherche sur le potentiel des tout jeunes enfants. D'ailleurs, le nom même des instituts de recherche de Doman, les « Instituts pour le développement du potentiel humain », prouve assez le sens de son travail.

En effet, Doman et les psychologues dits « cognitifs », tels que Bloom[1]*, par exemple, ont montré que la capacité intellectuelle d'un individu est immense et qu'à 5 ans le cerveau a déjà atteint 80 % de son poids adulte. C'est un âge de « plasticité » pendant lequel l'impact de l'instruction peut avoir son influence la plus grande. Les premières années de la vie sont donc cruciales pour le développement des habiletés mentales et, en particulier, ces habiletés cognitives nécessaires à tout apprentissage.*

C'est à une réelle « révolution dans les apprentissages », selon le mot de Maya Pines, que nous convient ces psychologues et ces chercheurs, et l'enjeu est d'importance :

« C'est à des milliers d'enfants que nous causons un dommage irréparable en les privant de stimulations intellectuelles pendant les années cruciales, qui vont de la naissance à 6 ans; des milliers d'autres se trouvent en deçà de leur potentiel véritable en raison même de cette carence. »

Les conséquences sont graves car, disent ces psychologues, « si, dans les classes moyennes, cela signifie moins de brillant, pour les classes défavorisées, c'est une prédestination à l'échec scolaire ».

Voilà qui est bien surprenant, car c'est bien le contraire qui nous est quotidiennement répété.

1. B. Bloom : *Stability and Change in Human Characteristic* (New York, John Wiley and Sons, 1964).

Ce qui est tout aussi surprenant, c'est de constater que ces chercheurs, et Doman en particulier, considèrent que les enfants qui profitent le plus de ces apprentissages précoces sont justement les enfants « défavorisés » de toutes sortes : non seulement ceux qui présentent des déficiences linguistiques, mais encore ceux qui présentent des déficiences intellectuelles ou sensorielles. N'oublions pas que Doman a travaillé longtemps avec des enfants souffrant de lésions cérébrales. A l'heure actuelle, nombre d'écoles pour enfants dits « retardés » fondent leur pédagogie sur les apprentissages précoces; dans d'autres écoles, c'est justement par la lecture précoce que l'on fait acquérir le langage aux enfants déficients auditifs et donc muets.
Nous voilà donc bien loin des « pré-requis », préalables nécessaires à l'apprentissage de la lecture, qui conditionnent, en particulier dans notre éducation française, l'entrée au cours préparatoire et donc le début de l'apprentissage de la lecture.
Voilà aussi le sacro-saint principe de « maturité » à l'apprentissage de la lecture, si cher à nos institutions, bien ébranlé!
La réalité a confirmé les affirmations de ces chercheurs. En effet, depuis 1963, la lecture précoce a obtenu, en particulier dans les pays anglo-saxons, ses lettres de créance : bien des auteurs, des chercheurs, des pédagogues ont prouvé sur une grande échelle que non seulement le tout jeune enfant pouvait apprendre à lire, mais encore qu'il en tirait un bénéfice considérable dans toutes les autres activités ultérieures, sans subir aucun préjudice immédiat ou lointain.
Tel n'est pas le cas pour les pays francophones d'Europe. En France, par exemple, il n'existe — à notre connaissance — qu'une seule expérience systématique et suivie d'apprentissage pré-

coce de la lecture, inspirée de la méthode de Glenn Doman [2]. *Les gigantesques programmes destinés aux tout jeunes enfants des classes dites « défavorisées », mis en place aux États-Unis pour lutter contre les inégalités des chances au départ, ont confirmé ces recherches.*

Pour Doman, le langage visuel n'est pas plus difficile à saisir que le langage auditif. L'enfant, dès sa naissance, est entouré de langage oral. Comment fait la mère pour lui apprendre à parler? Elle montrera un objet, dira le mot lentement, le répétera clairement, à haute voix autant de fois que nécessaire, aura une attitude douce et aimante; elle l'aidera ainsi à maîtriser ce processus si complexe qu'est le langage oral. S'il n'y avait pas de langage autour de lui, et s'il n'était pas sollicité, l'enfant n'apprendrait pas à parler.

Ce qui est vrai pour le langage oral l'est aussi pour le langage écrit. Pourquoi en serait-il autrement? C'est le même processus mental, le cerveau peut comprendre l'un comme il peut comprendre l'autre. Mais, pour cela, il faut recréer autour de l'enfant, pour le langage écrit, les mêmes conditions que pour le langage oral. Comment? Voilà tout le problème...

Le grand mérite de Doman a été de ne pas s'en tenir à des considérations théoriques. C'est un praticien qui a expérimenté pendant de longues années l'approche qu'il présente dans le présent ouvrage. Les parents et les éducateurs y trouveront toutes indications utiles pour apprendre eux aussi à lire à de très jeunes enfants et ils constateront alors, à leur tour, combien c'est facile, amusant et passionnant.

Rachel Cohen

2. Rachel Cohen : *l'Apprentissage précoce de la lecture* (Paris, P.U.F., 1977).

Introduction

Entreprendre une étude clinique, c'est un peu monter dans un train dont la destination est inconnue. L'affaire est mystérieuse, excitante, mais vous ne savez si vous disposez d'une couchette ou d'une place de troisième, s'il y aura ou non un wagon-restaurant, si le voyage coûtera un dollar ou tout ce que vous possédez; ni surtout si vous arriverez à l'endroit voulu, ou dans un lieu étranger que vous n'aviez jamais rêvé de visiter.

Quand les membres de notre équipe montèrent dans ce train, nous espérions atteindre notre but : améliorer l'état des enfants atteints de graves lésions cérébrales. Aucun de nous n'imaginait qu'arrivés à ce but, si c'était possible, nous resterions dans le train pour tenter de parvenir à l'endroit où les enfants handicapés pourraient surclasser les enfants normaux.

Le voyage, jusqu'ici, a duré vingt ans; les places étaient de troisième classe, le wagon-restaurant ne servait guère que des sandwiches, nuit après nuit, souvent à trois heures du matin. Les billets nous coûtèrent tout ce que nous possédions; certains d'entre nous ne vécurent pas assez longtemps pour aller jusqu'au terme du voyage — mais aucun de nous n'aurait manqué le train, pour tout l'or du monde. Ce fut une expérience fascinante.

La liste initiale des voyageurs comprenait un chirurgien du cerveau, un médecin spécialisé dans la somatique et la rééducation, un thérapeute, un spécialiste de l'élocution, un psychologue, un pédagogue et une infirmière. Aujourd'hui, nous sommes plus de cent, parmi lesquels des spécialistes de toutes sortes.

Au début, notre petite équipe se constitua parce qu'aucun de nous, individuellement responsable d'une des phases du traitement appliqué aux enfants atteints de lésions cérébrales, n'était parvenu à rien.

Si l'on avait dû chercher un champ d'activité créatrice, il eût été difficile d'en trouver un plus riche en possibilités que celui-là, où le pourcentage d'échecs atteignait 100 pour cent et où l'on n'avait jamais connu aucun succès.

Quand nous décidâmes d'unir nos efforts, nous n'avions jamais constaté, dans ce domaine, une seule guérison.

Le groupe que nous constituâmes alors s'appellerait aujourd'hui équipe de rééducateurs. En ce temps-là, l'expression n'était pas encore à la mode et l'idée ne nous serait pas venue de nous attribuer une qualification aussi majestueuse. Plus modestement, plus lucidement aussi, nous nous considérions comme des gens qui se groupaient, un peu comme dans un convoi, afin d'être plus forts ensemble qu'isolés.

*Nous commençâmes par nous attaquer au problème de base, que devaient affronter, il y a vingt ans, tous ceux qui s'occupaient d'enfants atteints de lésions cérébrales. C'était le problème de l'*identification. *Il y avait trois catégories d'enfants, très différentes, que l'on mêlait invariablement. Or ils n'étaient même pas cousins éloignés. En ce temps-là, on les considérait en bloc (et, malheureusement, on continue à le faire dans de nombreux* *pays), pour la piètre raison qu'ils ont fréquemment le même aspect et parfois le même comportement.*

Ces trois catégories d'enfants sont les suivantes : les débiles mentaux, au cerveau quantitativement et qualitativement inférieur; les psychopathes, au cerveau physiquement normal, *mais à l'esprit malade; et enfin les enfants atteints de lésions cérébrales, dont le cerveau, parfaitement normal à la conception, a subi un choc physique.*

C'est ce dernier type d'enfants qui nous intéressaient. Nous apprîmes peu à peu que, bien que les débiles mentaux et les psychopathes soient comparativement rares, des centaines de milliers d'enfants leur étaient (et leur sont toujours) assimilés, qui furent pourtant en réalité victimes d'un accident. Généralement, une telle erreur de diagnostic était due au fait que nombre de ces lésions se produisent avant la naissance.

Quand, après des années de travail dans les salles d'opération et au chevet des malades, nous eûmes appris quels étaient les enfants réellement atteints de lésions cérébrales, nous pûmes nous attaquer au problème lui-même — le cerveau.

Nous découvrîmes qu'il importe peu (sinon du point de vue de la recherche) qu'un enfant soit atteint avant, pendant ou après la naissance. Autant se demander si un blessé a été renversé par une voiture avant midi, à midi ou après midi. Ce qui compte réellement, c'est de savoir quelle est la région cérébrale touchée, à quel point elle l'est et ce qu'on peut faire.

Nous découvrîmes de même que les causes de la lésion n'ont pas non plus grande importance — facteur rhésus, maladie infectieuse de la mère, telle que la rubéole, au cours des trois premiers mois de la grossesse, oxygénation insuffisante du cerveau avant la naissance, ou naissance prématurée... Le cerveau peut également subir des dommages à la suite d'une naissance difficile, à la suite d'une chute sur la tête à l'âge de deux mois, d'une encéphalite à l'âge de trois ans, d'un accident d'automobile, etc. Là encore, autant se demander si l'enfant a été heurté par une voiture ou par un marteau.

En ces débuts, les spécialistes étaient d'avis qu'il fallait soigner ces enfants en s'attaquant aux symptômes de la lésion; à savoir, selon les cas, les oreilles, les yeux, le nez, la bouche, la poitrine, les épaules, les coudes, les poignets, les doigts, les hanches, les genoux, les chevilles, les orteils... Nombreux sont ceux qui, aujourd'hui encore, partagent cette opinion.

Cette manière d'aborder le problème ne donnait pas de résultats et ne pouvait pas en donner.

De cet échec total, nous conclûmes que, pour soigner les symptômes multiples que présentaient ces enfants, il fallait nous en prendre à la source même du mal — le cerveau.

Bien qu'au premier abord la tâche parût insurmontable, nous découvrîmes, et d'autres avec nous, au cours des années suivantes, des méthodes de traitement, chirurgicales et non chirurgicales, s'appliquant au cerveau lui-même.

Nous avions la conviction qu'il y a quelque chose d'irrationnel à vouloir traiter les symptômes d'une lésion ou d'une maladie, et d'espérer ainsi que le mal disparaîtra. Du reste, il suffisait, pour s'en convaincre, de constater les échecs essuyés jusque-là.

Au contraire, nous pressentions que si l'on parvenait à s'attaquer au mal lui-même, les symptômes disparaîtraient spontanément, dans la mesure exacte où l'on pourrait atténuer la lésion.

Tout d'abord, nous abordâmes le problème d'un point de vue non chirurgical. Au cours des années qui suivirent, nous

acquîmes la certitude que si l'on voulait améliorer le cerveau lui-même, il fallait trouver le moyen de reproduire de quelque façon, chez l'enfant handicapé, le développement neurologique d'un enfant normal. Donc, il nous fallait comprendre comment le cerveau d'un enfant normal s'éveille, se développe et se forme. Nous étudiâmes avec la plus grande attention des centaines de nouveau-nés, de nourrissons, d'enfants bien portants.
Nous découvrîmes ainsi que les activités simples, élémentaires et bien connues des enfants normaux, comme de ramper et de se traîner par terre, sont de la plus haute importance pour le cerveau. Nous apprîmes que si l'on empêche un enfant de s'y livrer, pour des raisons d'ordre social ou familial, on limite gravement ses possibilités. Et plus encore s'il s'agit d'un enfant victime d'une lésion cérébrale.
En découvrant peu à peu des moyens de reproduire, chez les enfants handicapés, le mode de développement physique des enfants normaux, nous commençâmes à constater chez eux une amélioration — si légère fût-elle.

C'est environ à cette époque que le neurochirurgien de notre équipe prouva de façon concluante que la solution résidait bien dans le cerveau lui-même, et cela en pratiquant avec succès des interventions d'ordre chirurgical. Il y avait certaines catégories d'enfants atteints de lésions chez qui le mal s'aggravait, et ces enfants mouraient très jeunes. Parmi eux, il y avait notamment les hydrocéphales, ces enfants « qui ont de l'eau dans la tête ». En raison de la pression du liquide céphalo-rachidien qui, par suite de leurs lésions, ne se résorbe pas de façon normale alors qu'il continue à se former normalement, ces enfants ont un crâne énorme.

Il serait tout à fait absurde de soigner les symptômes de cette maladie par des massages, par des exercices ou par une armature orthopédique. La pression exercée sur le cerveau allant croissant, ces enfants ne manquaient pas de mourir. Notre neurochirurgien, travaillant de concert avec un ingénieur, mit au point un tube qui évacuait l'excès de liquide céphalo-rachidien, l'amenant des réservoirs, appelés ventricules, situés à l'intérieur du cerveau, jusqu'à la veine jugulaire; déversé dans le sang, le liquide se résorbait normalement. Ce tube comportait une valve habilement conçue, qui permettait à l'excès de liquide de s'écouler, tout en empêchant le sang de refluer vers le cerveau.
Ce dispositif presque magique était chirurgicalement implanté à l'intérieur du cerveau et on l'appela le V-J shunt. *Il y a aujourd'hui de par le monde vingt-cinq mille enfants qui ne seraient pas en vie sans l'intervention de ce simple tube. Nombre d'entre eux mènent une vie tout à fait normale et vont à l'école avec les autres.*
C'était la preuve qu'il est inutile de s'attaquer seulement aux symptômes d'une lésion cérébrale, et qu'il est indispensable de traiter le cerveau lui-même.

Un autre procédé, non moins extraordinaire, montrera comment la chirurgie peut maintenant, avec succès, venir à bout de certains cas particulièrement dramatiques.
Il y a, de fait, deux cerveaux : celui de droite et celui de gauche. Ces deux cerveaux se séparent au milieu de la tête, du front à l'occiput. Chez les êtres normaux, le cerveau droit (ou, si l'on veut, la moitié droite du cerveau) commande le côté gauche du corps; inversement, la moitié gauche commande le côté droit du corps.

Si l'une des moitiés subit une lésion importante, les résultats sont catastrophiques. Le côté opposé du corps se paralyse et toutes les fonctions de l'enfant se trouvent sérieusement diminuées. Le plus souvent, ces enfants sont sujets à des attaques convulsives, constantes et graves, qui ne cèdent à aucun traitement connu. Inutile de dire que ces enfants étaient, eux aussi, condamnés. Durant des années, on a répété comme une rengaine qu'il ne fallait rien faire. « Quand une cellule cérébrale est morte, elle est morte et l'on ne peut rien pour les enfants qui en sont victimes. Inutile d'essayer. » Mais, en 1955, les membres de notre équipe neurochirurgicale devaient pratiquer sur de tels enfants une opération presque incroyable : on l'a appelée hémisphérectomie. L'hémisphérectomie, comme son nom l'indique, est précisément l'ablation de la moitié du cerveau.

Et nous vîmes des enfants qui ne possédaient plus qu'une moitié de cerveau... L'autre moitié — des milliards de cellules cérébrales — se trouvait dans un bocal, à l'hôpital... Mais ces enfants n'étaient pas morts. Non seulement ils étaient bien vivants, mais ils marchaient, parlaient, allaient à l'école comme les autres. Plusieurs d'entre eux se situaient au-dessus de la moyenne, et l'un au moins avait un coefficient intellectuel tout à fait exceptionnel.

Il était maintenant évident que si l'un des hémisphères du cerveau était atteint, il importait peu que l'autre fût sain, aussi longtemps que l'on n'avait pas retranché l'hémisphère atteint. Si, par exemple, un enfant souffrait de convulsions provoquées par une lésion de l'hémisphère gauche, il serait incapable de se développer normalement jusqu'à ce que l'on eût pratiqué l'ablation de cet hémisphère; et cela, afin de laisser l'hémisphère droit assumer librement l'ensemble des fonctions cérébrales.

Nous avions depuis longtemps soutenu que, contrairement à la croyance populaire, un enfant peut avoir dix cellules cérébrales mortes sans qu'on s'en aperçoive. Peut-être même une centaine, disions-nous alors; peut-être un millier...
Jamais, dans nos rêves les plus fous, nous n'aurions osé imaginer qu'un enfant puisse avoir des milliards de cellules cérébrales mortes, et se comporter néanmoins aussi bien et parfois mieux qu'un enfant moyen.
A présent, le lecteur doit nous suivre dans le domaine de la spéculation intellectuelle. Combien de temps, voyant Jean, à qui l'on avait retranché la moitié du cerveau, se comporter aussi bien que Pierre, dont le cerveau était intact, pouvions-nous ne pas nous poser la question : « Qu'est-ce qui cloche chez Pierre*? » Pourquoi cet enfant, qui avait deux fois plus de cerveau que Jean, ne faisait-il pas preuve de capacités doubles?*
Le cas s'étant présenté à maintes reprises, nous finîmes par considérer d'un œil neuf et interrogateur les enfants normaux. La plupart des enfants n'auraient-ils pas pu « faire mieux »? C'était là une question importante que nous n'avions jamais songé à nous poser.
Entre-temps, les membres de notre équipe qui n'appartenaient pas au groupe chirurgical avaient appris à mieux connaître le processus du développement cérébral des enfants normaux. A mesure que cette connaissance s'approfondissait, les simples procédés que nous utilisions pour reproduire chez les enfants handicapés un développement normal s'amélioraient. Bientôt, nous commençâmes à constater chez un petit nombre d'entre eux, grâce à ce mode de traitement non chirurgical, un certain progrès.

Ce livre n'a pas pour objet de décrire en détail les idées et les méthodes auxquelles on fait appel pour résoudre les multiples problèmes que posent les enfants atteints de lésions cérébrales. D'autres livres, déjà publiés ou en voie de l'être, traitent de ces questions. Cependant, le seul fait qu'on parvient tous les jours à ces fins permet d'éclairer le chemin qui nous conduisit à la certitude que les enfants normaux étaient loin d'exploiter leurs possibilités. Qu'il nous suffise de dire que l'on inventa, pour reproduire, chez les enfants handicapés, les différentes phases d'un développement normal, des techniques extrêmement simples.

Par exemple, quand un enfant cérébralement atteint est incapable de bouger correctement, on l'aide tout d'abord à remuer les bras et les jambes, puis à ramper, puis à se traîner à quatre pattes et enfin à marcher. On l'aide physiquement à accomplir ces mouvements, dans l'ordre voulu. Il passe ainsi par ces différentes phases, comme un écolier passe de classe en classe, tout en jouissant d'une absolue liberté de mouvements.

Bientôt nous pûmes voir des enfants atteints de lésions graves faire des progrès qui rivalisaient avec ceux d'enfants bien portants.

Puis, notre technique s'améliorant toujours, nous vîmes certains de ces enfants progresser, au point qu'on ne pouvait plus les distinguer des enfants normaux, au point même de s'élever au-dessus de la moyenne.

C'était excitant au plus haut point. C'était même un peu effrayant. Il semblait évident que nous avions, pour le moins, sous-estimé les possibilités de tous les enfants.

Nous nous trouvions devant une question passionnante. Considérons, par exemple, trois enfants de sept ans : Albert, qui n'avait plus qu'une moitié de cerveau, Billy, qui avait un cerveau par-

faitement normal, et Charles, qu'on avait traité sans l'opérer et qui, maintenant, se comportait de façon tout à fait normale, bien qu'il eût encore dans le cerveau des millions de cellules mortes.
Tous trois étaient d'intelligence égale.

Qu'est-ce qui clochait donc chez le petit Billy? *Qu'est-ce qui clochait chez les enfants* normaux*?*
Depuis des années, notre travail était animé par la fièvre qui annonce les grandes découvertes. Avec les années, le brouillard mystérieux qui enveloppait nos enfants malades s'était peu à peu dissipé. Nous avions fait aussi d'autres découvertes, sur lesquelles nous ne comptions pas, concernant, cette fois, les enfants normaux. Alors qu'auparavant il n'y avait eu que des faits sans lien les uns avec les autres, une parenté logique apparaissait entre l'enfant atteint de lésion cérébrale (dont les fonctions neurologiques étaient perturbées) et l'enfant bien portant (dont les fonctions neurologiques étaient normales). Cette parenté nous avait révélé une voie par laquelle on pourrait changer l'homme de façon appréciable — et pour l'améliorer. Le développement neurologique d'un enfant moyen avait-il vraiment atteint ses limites?
A présent, en voyant des enfants handicapés progresser aussi bien, et même mieux, que la moyenne des enfants, on apercevait clairement la possibilité de prolonger cette évolution.
On avait toujours supposé que le développement neurologique (et son aboutissement : les aptitudes) était une donnée qu'on ne pouvait modifier : tel enfant était doué, tel autre ne l'était pas; celui-ci était intelligent, celui-là non.
Rien n'était plus éloigné de la vérité.

La vérité, c'est que le développement neurologique, que nous avions toujours considéré comme une donnée qu'on ne pouvait modifier, est un processus dynamique qui se transforme sans cesse.

Chez l'enfant victime d'une lésion grave, on voit ce développement totalement arrêté. Chez l'enfant « arriéré », il est considérablement ralenti. Chez l'enfant moyen, il se produit à un rythme normal, et chez l'enfant supérieurement doué, à un rythme accéléré. Nous en arrivâmes alors à comprendre que l'enfant handicapé, l'enfant moyen et l'enfant doué ne sont pas trois types d'enfants différents, mais représentent plutôt un élément continu, qui part de l'extrême confusion neurologique, passe par un désordre atténué dû à une lésion bénigne, pour aboutir à une organisation parfaitement normale.

Chez l'enfant gravement atteint, nous avions réussi à remettre en marche le processus de développement, et nous l'avions accéléré chez l'enfant « arriéré ».

Il était donc évident que ce processus était susceptible d'être accéléré aussi bien que ralenti.

Ayant, à maintes reprises, normalisé les fonctions neurologiques des enfants handicapés par les simples méthodes exposées ci-dessus, nous avions tout lieu de croire que l'on pouvait, en appliquant les mêmes méthodes, développer les fonctions neurologiques de la moyenne des enfants. L'une de ces méthodes consistait à enseigner la lecture aux tout petits enfants atteints de lésions.

Nulle part, la possibilité de développer les fonctions neurologiques n'apparaît plus clairement que lorsqu'on apprend à lire à un bébé normal.

Avis aux parents

La lecture est l'une des plus hautes fonctions du cerveau humain. De toutes les créatures terrestres, seul l'homme a la faculté de lire.
La lecture est l'une des plus importantes fonctions de la vie, car, pratiquement, tout notre savoir repose sur notre aptitude à lire.
Il est réellement surprenant qu'il nous ait fallu tant d'années pour nous apercevoir que plus jeune un enfant apprend à lire, plus cela lui est facile et mieux il lira.
Les enfants sont capables de lire des mots à l'âge d'un an, des phrases à l'âge de deux ans et des livres entiers à l'âge de trois ans – et cela, en y trouvant la plus grande joie.
On a mis longtemps à prendre conscience de cette aptitude et de ses causes.
Si, à l'Institut, nous n'avons pas commencé avant 1961 à apprendre à lire aux tout petits enfants, il n'en a pas moins fallu vingt ans à une équipe de spécialistes variés pour comprendre le fonctionnement du cerveau humain (compréhension qui était nécessaire pour entrevoir cette possibilité).
Cette équipe de médecins, de pédagogues, de spécialistes de la croissance et de la lecture, de chirurgiens du cerveau et de psy-

chologues se mit à la tâche avec des enfants cérébralement atteints, ce qui l'amena à étudier, de longues années durant, le développement cérébral des enfants bien portants. Étude qui, à son tour, aboutit à des connaissances neuves et assez révolutionnaires sur la façon dont les enfants apprennent, sur ce qu'ils apprennent – et sur ce qu'ils peuvent *apprendre.*
Lorsque l'équipe vit lire, et bien lire, dès l'âge de trois ans et même avant, nombre d'enfants au cerveau malade, il lui parut évident que quelque chose clochait dans le développement... des enfants bien portants. *Ce livre est l'aboutissement d'une telle constatation.*
Ce qu'il avance, c'est précisément ce que nous n'avons cessé de répéter, depuis 1961, à des parents d'enfants diminués ou normaux. Et les résultats ont été des plus satisfaisants, à la fois pour eux, pour leurs enfants et pour nous-mêmes.
Cet ouvrage a été écrit à la demande de ces parents. Ils désiraient, pour eux-mêmes et pour d'autres, voir consignées nos idées dans un livre.

1

Les faits et Tommy

« Je vous avais bien dit qu'il savait lire. »
Mr. Lunski.

Elle commença spontanément, cette douce révolution ! Et le plus curieux, c'est qu'en fin de compte elle se produisit par hasard.

Les enfants, qui en sont les artisans, ignoraient qu'ils seraient capables de lire si on leur en donnait les moyens, et les industriels de la télévision ignoraient que les enfants avaient cette aptitude, et que la télévision leur procurerait les instruments nécessaires.

C'est faute d'instruments que cette magnifique révolution a été si longue à se produire; mais, à présent que c'est chose faite, il est de notre devoir, à nous autres parents, de contribuer à la développer, non pour lui ôter de sa douceur, mais pour l'accélérer, de telle sorte que les enfants puissent en recueillir les fruits.

A la vérité, il est surprenant que les enfants, avec leur vivacité d'esprit, n'aient pas depuis longtemps découvert un tel secret.

La seule raison pour laquelle les adultes ne le leur ont pas révélé, c'est que les adultes l'ignoraient eux-mêmes. Bien sûr, si nous avions su, nous n'aurions jamais permis qu'il demeurât sous le boisseau, si grande est son importance!

L'ennui c'est que nous imprimons trop petit.

L'ennui, c'est que nous imprimons trop petit.

L'ennui, c'est que nous imprimons trop petit.

Il est même possible d'imprimer si petit que les adultes, malgré leur processus visuel entraîné, qui met en cause les réflexes cérébraux, ne puissent pas lire.
Il est presque impossible d'imprimer trop grand pour que l'on puisse lire.
Mais il *est* possible d'imprimer trop petit, et c'est exactement ce que nous avons fait.
Le processus de la vision, depuis l'œil jusqu'au cerveau, chez l'enfant encore non développé, ne lui permet pas de différencier les mots.
Mais à présent, comme nous l'avons dit, la télévision nous a dévoilé le secret, et cela grâce aux annonces publicitaires. Il en résulte que lorsque le speaker, d'une voix claire, répète le mot *Esso, Esso, Esso,* et que l'écran montre le même ESSO en grosses lettres bien nettes, les enfants, sans même connaître l'alphabet, apprennent tous à l'identifier.
Car la vérité, c'est que les tout petits peuvent apprendre à lire. On peut l'affirmer en toute certitude, à *condition* qu'au début les caractères soient assez grands.
A présent que ces deux faits nous sont connus, il nous

faut agir en conséquence. Car ce qui se produira quand nous apprendrons à lire à tous les jeunes enfants sera d'une grande importance pour le monde.

Mais n'est-il pas plus facile, pour un enfant, de comprendre un mot prononcé plutôt qu'un mot écrit?... Pas du tout!... Le cerveau de l'enfant, qui est le seul organe doué de la faculté d'apprendre, « entend », par l'intermédiaire de l'oreille, les mots clairement énoncés à la télévision et les interprète comme seul peut le faire le cerveau. Simultanément, le cerveau, par l'intermédiaire de l'œil, « voit » les grands mots qui apparaissent à l'écran et les interprète exactement de la même façon.

Il revient absolument au même, pour le cerveau, de « voir » des lettres ou d' « entendre » un son. Il peut tout aussi bien comprendre l'un que l'autre. La seule condition requise pour qu'il les interprète, c'est que les sons soient assez forts et assez clairs pour que l'oreille les entende, et que les mots soient assez grands et assez nets pour que l'œil les voie. Or, si nous avons fait le nécessaire dans le premier cas, il n'en a pas été de même dans le second.

Sans doute a-t-on toujours forcé la voix en s'adressant aux enfants, sentant d'instinct qu'ils ne peuvent simultanément entendre et comprendre les intonations courantes de la conversation.

Nul ne songerait à parler à un bébé sur un ton normal. Essayez de parler à un enfant de deux ans sur le ton de la conversation, et il y a toutes les chances pour qu'il ne vous comprenne pas. S'il a le dos tourné, il est même

probable qu'il ne vous accordera pas la moindre attention.
Supposons, à titre d'exemple, que les adultes aient décidé, depuis un certain temps, de se parler à voix assez basse pour qu'aucun bébé ne puisse ni les entendre, ni les comprendre. Supposons, cependant, que ces sons soient juste assez forts pour que leur oreille, enfin entraînée, puisse les saisir vers l'âge de six ans.
Dans ces conditions, on les soumettrait sans doute, vers cet âge, à des tests de « réceptivité de l'ouïe ». En découvrant que l'enfant peut « entendre », mais non comprendre les mots (ce qui, à n'en pas douter, serait le cas, car son système auditif ne lui aurait pas permis, jusque-là, de les distinguer), peut-être l'initierions-nous au langage parlé en lui prononçant la lettre A, puis la lettre B, et ainsi de suite, jusqu'à ce qu'il ait appris l'alphabet, avant de lui enseigner le son des mots.
On est amené à conclure qu'il y aurait peut-être alors un grand nombre d'enfants aux prises avec le problème « d'entendre » les mots et les phrases, et qu'il existerait un livre populaire appelé *Pourquoi Jeannot ne peut pas entendre*.
Or c'est précisément ce qu'on a fait jusqu'à présent avec le langage écrit. On l'imprime trop petit pour que l'enfant « le voie et le comprenne ».
Livrons-nous maintenant à une autre supposition.
Si nous avions parlé en chuchotant, et écrit simultanément les mots et les phrases en gros caractères distincts, de tout jeunes enfants seraient capables de lire, mais incapables de comprendre le langage parlé.

A présent, imaginons que l'on introduise la télévision, avec ses mots écrits en gros caractères et prononcés simultanément à haute voix. Naturellement, tous les enfants pourront lire ces mots, mais il y en aura aussi un grand nombre qui commenceront à les comprendre par l'oreille à l'âge étonnant de deux ou trois ans.

Eh bien, c'est, à l'opposé, ce qui se produit aujourd'hui pour la lecture !

La télévision nous a aussi révélé d'autres faits intéressants.

Le premier, c'est que les jeunes regardent la plupart des « programmes pour enfants » sans leur accorder une attention soutenue; mais, comme chacun sait, quand vient le moment des annonces publicitaires, ils courent à la télévision pour *écouter* et pour *lire* ce qu'on dit des produits et de leur utilité.

L'idée, ici, n'est pas que les annonces publicitaires correspondent à un esprit de deux ans, ni que les produits dont il s'agit exercent sur lui une fascination particulière. Tel n'est pas le cas.

La vérité, c'est que les enfants peuvent *apprendre,* grâce à ces messages répétés en gros caractères et à haute et intelligible voix; et que tous les enfants sont avides d'apprendre. Ils préfèrent apprendre quelque chose, plutôt que de s'amuser à regarder « Bonne nuit, les petits » – c'est là un fait bien établi.

En conséquence, les tout jeunes enfants, dans la voiture familiale, lisent gaiement en cours de route le mot ESSO, le mot COCA-COLA et nombre d'autres – et cela aussi est un fait.

Inutile de poser la question : « Les tout petits peuvent-ils apprendre à lire? » Ils ont déjà répondu : ils le peuvent. La question qu'il faudrait nous poser est celle-ci : « Que voulons-nous qu'ils lisent? » Devons-nous limiter leur lecture à des noms de produits et aux éléments chimiques qu'ils contiennent, ou bien devons-nous leur faire lire quelque chose qui les enrichisse et leur ouvre d'autres horizons que le monde publicitaire?
Examinons les faits fondamentaux :

1 – Les tout petits enfants *veulent* apprendre à lire.
2 – Les tout petits enfants *peuvent* apprendre à lire.
3 – Les tout petits enfants *apprennent* à lire.
4 – Les tout petits enfants *devraient* apprendre à lire.

Je consacrerai un chapitre à chacun de ces quatre faits. Chacun d'eux est vrai, et chacun d'eux est simple. C'est peut-être là, justement, que résidait l'essentiel du problème. *Il est peu de déguisements plus difficiles à percer que l'apparence trompeuse de la simplicité.*
C'est sans doute en raison de cette simplicité même que nous avons eu peine à comprendre, ou même à croire, l'histoire absurde de Tommy que nous racontait Mr. Lunski.
Il est étrange qu'il nous ait fallu si longtemps pour lui accorder quelque attention; car, lorsqu'on nous amena pour la première fois Tommy à l'Institut, nous avions déjà en main toutes les données nécessaires pour comprendre ce qui allait lui arriver.
Tommy était le quatrième enfant de la famille Lunski. Ses parents n'avaient pas eu beaucoup de temps à consa-

crer aux études et ils avaient travaillé dur pour élever leurs trois beaux enfants. A la naissance de Tommy, Mr. Lunski était propriétaire d'un estaminet et ses affaires prenaient meilleure tournure.

Cependant, Tommy était né avec une grave malformation cérébrale. Lorsqu'il atteignit l'âge de deux ans, il fut admis à l'hôpital du New Jersey pour un examen neurochirurgical. A sa sortie de l'hôpital, le médecin en chef ne mâcha pas ses mots à Mr. et Mrs. Lunski. Les examens, leur expliqua-t-il, avaient révélé que Tommy était un enfant voué à une vie végétative, qui ne pourrait jamais ni parler ni marcher et qu'il fallait placer pour la vie dans une institution.

Mais l'ascendance polonaise de Mr. Lunski vint alors renforcer son obstination d'Américain; se redressant de toute sa taille, il bomba le torse, et déclara :

– Vous n'y êtes pas du tout, Docteur. Il s'agit de *notre* gosse!

Les Lunski passèrent de longs mois à la recherche de médecins moins pessimistes. En vain. Toujours, la réponse était la même.

Et puis, comme Tommy allait sur ses trois ans, ils allèrent trouver le Dr Eugène Spitz, chef du service de neurochirurgie de l'hôpital pour enfants de Philadelphie.

Après avoir procédé lui-même à des examens approfondis, le Dr Spitz déclara aux Lunski que le cerveau de Tommy était, en effet, gravement atteint, mais qu'on pourrait peut-être faire quelque chose pour lui dans une institution située en banlieue – une banlieue du nom de Chesnut Hill.

Quand Tommy arriva à l'*Institut pour le Développement des Possibilités humaines,* il avait exactement trois ans et quinze jours. Il ne savait ni marcher ni parler.

A l'Institut, on reconnut la gravité de son cas et des problèmes qui en découlaient. Et l'on établit un programme qui devait reproduire, chez lui, le développement normal d'un enfant bien portant. Puis on expliqua aux parents la manière d'appliquer ce programme et on leur affirma que s'ils le respectaient sans défaillance, on pourrait obtenir une grande amélioration. Ils devaient revenir deux mois plus tard pour un nouvel examen et, si Tommy avait fait des progrès, pour une révision du programme.

Il ne faisait aucun doute que les Lunski suivraient à la lettre les indications données. Et, de fait, ils s'y appliquèrent avec un zèle religieux.

Quand ils vinrent pour la seconde visite, Tommy pouvait se traîner par terre.

Alors les Lunski s'attaquèrent au programme avec une énergie redoublée par ce premier succès. Leur détermination était telle que, lorsque leur voiture tomba en panne sur la route de Philadelphie, où ils se rendaient pour la troisième visite, ils achetèrent tout simplement une voiture d'occasion et poursuivirent leur chemin. Ils brûlaient d'impatience de nous annoncer que Tommy, qui avait maintenant trois ans et demi, pouvait prononcer ses deux premiers mots – « maman » et « papa ». Il pouvait aussi marcher à quatre pattes. C'est alors que sa mère tenta une expérience que seule une mère pouvait tenter, dans ces conditions. Un peu comme un père eût acheté un ballon de football pour un enfant en bas âge, elle acheta, pour son fils de trois ans et demi qui ne pouvait prononcer que deux mots, un abécédaire. Tommy, annonça-t-elle, qu'il pût ou non marcher et parler, était un enfant très intelligent. Le premier venu doué d'un peu de jugement pouvait s'en rendre compte, rien qu'à regarder ses yeux!

Bien que nos tests sur l'intelligence des enfants arriérés fussent, à cette époque, infiniment plus compliqués que ceux de Mrs. Lunski, ils n'étaient pas plus précis pour autant. Nous reconnûmes qu'effectivement Tommy était intelligent. Mais de là à lui apprendre à lire... c'était une autre affaire!

Quand Mrs. Lunski nous annonça que Tommy, qui avait alors quatre ans, pouvait lire *tous* les mots de son abécédaire, plus facilement, même, qu'il ne pouvait déchiffrer les lettres, nous l'écoutâmes d'une oreille distraite. Son aptitude à parler, comme à bouger, qui progressait sans cesse, nous intéressait et nous satisfaisait bien davantage.

Lorsque Tommy eut quatre ans et deux mois, son père nous déclara qu'il avait pu lire tout un livre du Dr Seuss appelé *Green Eggs and Ham* [1]. Avec un sourire poli, nous prîmes note des progrès remarquables de Tommy, à la fois dans l'élocution et dans la mobilité des gestes.

Quand il eut quatre ans et demi, Mr. Lunski nous affirma que son fils savait lire et avait lu tous les livres du Dr Seuss. Sur sa fiche, où nous consignions ses progrès,

1. *Des œufs verts et du jambon.*

on inscrivit aussi le fait que, « selon Mr. Lunski », Tommy savait lire.

A sa onzième visite, Tommy venait d'avoir cinq ans. Malgré notre satisfaction à tous en constatant les merveilleux progrès réalisés, rien n'indiqua, au début de la visite, que cette journée serait d'une grande importance pour tous les enfants du monde. Rien, sinon, bien sûr, l'habituelle et absurde affirmation de Mr. Lunski. Tommy, annonça-t-il, pouvait maintenant lire n'importe quoi, y compris le *Reader's Digest;* bien plus, il comprenait ce qu'il lisait; mieux encore, il avait réussi cet exploit avant d'atteindre l'âge de cinq ans.

L'arrivée d'un membre du personnel nous apportant le déjeuner – jus de tomate et hamburger – nous épargna d'avoir à répondre. Voyant notre indifférence, Mr. Lunski prit sur le bureau un morceau de papier et écrivit : « Glenn Doman aime boire du jus de tomate et manger un hamburger. »

Tommy, obéissant à son père, lut sans peine cette courte phrase, et cela avec l'accent et les inflexions voulues. Il n'hésitait pas, comme le fait un enfant de sept ans qui lit séparément chaque mot sans saisir le sens de la phrase.

– Écrivez une autre phrase, dis-je d'une voix lente.

Mr. Lunski écrivit : « Le papa de Tommy aime boire de la bière et du whisky. Il a un gros ventre à force d'avoir bu de la bière et du whisky à la Taverne de Tommy. »

Tommy n'avait lu tout haut que les trois premiers mots lorsqu'il éclata de rire. L'allusion amusante au ventre de son père se trouvait plus bas, à la quatrième ligne, car Mr. Lunski avait écrit en gros caractères.

Ainsi ce petit enfant au cerveau gravement atteint lisait effectivement plus vite qu'il ne pouvait parler. Non seulement Tommy lisait, et lisait rapidement, mais, de toute évidence, il comprenait ce qu'il lisait!

Notre visage exprimait la stupéfaction. Je me tournai vers Mr. Lunski.

– Je vous avais bien dit qu'il savait lire, observa-t-il.

Ce jour-là marqua vraiment pour nous la fin d'une étape. C'était la dernière pièce du puzzle qui se constituait depuis plus de vingt ans.

Tommy nous avait enseigné que même un enfant cérébralement atteint peut apprendre à lire beaucoup plus tôt que les enfants normaux ne le font d'ordinaire.

Tommy, bien entendu, fut aussitôt soumis à une série de tests par un groupe de spécialistes venus tout exprès de Washington. Oui, Tommy, handicapé comme il l'était et à peine âgé de cinq ans, lisait mieux que la moyenne des enfants qui avaient deux fois son âge.

A six ans, Tommy marchait. Depuis peu, il est vrai, et ses jambes étaient encore vacillantes. Mais il lisait comme un élève de sixième [1] (niveau des enfants de onze à douze ans). Ainsi, il ne passerait pas sa vie dans une institution. Ses parents cherchaient pour septembre une école « spéciale ». Spécialement *forte,* je veux dire... Par chance, il existe maintenant quelques écoles expérimentales pour les enfants particulièrement « doués ». Tommy avait reçu le « don » discutable d'une malformation cérébrale, et celui, indiscutable, de parents

1. En Amérique, la première correspond à notre onzième, la seconde, à notre dixième, et ainsi de suite. *(N. du Tr.)*

qui le chérissaient et qui avaient eu foi en ses possibilités.

Et Tommy, en fin de compte, servit de catalyseur à vingt années d'étude. Ou peut-être serait-il plus exact de dire qu'il fut la mèche qui mit le feu à une charge explosive, dont la puissance n'avait cessé de grandir depuis vingt ans.

Mais le plus fascinant, c'était que Tommy *désirait* lire de toutes ses forces et qu'il y prenait un immense plaisir.

2

Les tout petits enfants veulent apprendre à lire

« Cela me dépasse, mais, depuis qu'elle a trois ans, nous ne pouvons l'empêcher de lire. »
MRS. GILCHRIST, mère de la petite Mary, âgée de quatre ans. (*Newsweek,* 13 mai 1963.)

Il n'y a jamais eu, depuis que l'homme existe, de savant aussi curieux que n'est curieux n'importe quel enfant entre dix-huit mois et quatre ans. Nous autres, adultes, avons pris à tort cette merveilleuse curiosité à l'égard de toutes choses pour l'incapacité de se concentrer.
Nous avons, bien sûr, observé nos enfants avec attention, mais sans toujours comprendre le sens de leurs actes. Et, en premier lieu, nombre de gens emploient souvent deux mots très différents comme s'ils étaient synonymes. Le mot *apprendre* et le mot *instruire*.
Le *Dictionnaire de l'Université américaine* nous dit que *apprendre* signifie : « Acquérir la connaissance de, ou l'habileté à, par l'étude, l'instruction ou l'expérience... »
Instruire signifie : « 1) Développer les facultés et les dons par l'enseignement, l'instruction ou les études... 2) Faire faire des études; envoyer à l'école... »

Autrement dit, la notion d'apprendre se rapporte généralement au processus qui se produit chez celui qui acquiert des connaissances, alors que la notion d'instruire se rapporte le plus souvent à l'action d'apprendre sous la direction d'un professeur ou d'une école. Bien que chacun, en réalité, connaisse cette différence, les deux concepts sont fréquemment assimilés l'un à l'autre. En conséquence, il nous semble parfois que, l'*instruction* conventionnelle commençant à l'âge de six ans, c'est aussi à l'âge de six ans que les enfants commencent à apprendre, tout au moins en ce qui concerne le plus important.

Rien ne saurait être plus éloigné de la vérité.

Car la vérité, c'est qu'un enfant commence à apprendre dès sa naissance. Au moment où il atteint l'âge de six ans et où il commence sa vie d'écolier, il a déjà assimilé une somme énorme de connaissances; plus, peut-être, qu'il n'en apprendra durant tout le reste de sa vie.

A cet âge, l'enfant a appris sur lui-même et sur sa famille la plupart des faits essentiels. Il a appris à connaître ses voisins et ses rapports avec eux, son univers et ses rapports avec lui, et une foule d'autres choses. Bien plus, il a appris au moins une langue, et parfois plusieurs. (Il a très peu de chances de jamais acquérir après l'âge de six ans la maîtrise d'une autre langue.)

Et tout cela, avant d'avoir mis les pieds dans une salle de classe.

Si, à ce moment, nous ne le contrecarrons pas, il apprend à un rythme extrêmement rapide. Et si, au contraire, nous prenons conscience de cette aptitude, si nous l'encourageons, le rythme atteindra une rapidité incroyable.

Chez tout enfant en bas âge brûle un désir infini d'apprendre.

On ne peut anéantir ce désir qu'en détruisant l'enfant lui-même.

On peut l'étouffer presque complètement en isolant l'enfant. On lit parfois l'histoire d'un idiot de treize ans, par exemple, qu'on a trouvé enchaîné au pied d'un lit, dans un grenier, vraisemblablement parce qu'il était idiot. C'est sans doute l'inverse qui est vrai. Il est extrêmement probable qu'il est devenu idiot parce qu'on l'a enchaîné au pied du lit. Pour nous en convaincre, il nous faut comprendre que seuls des parents psychopathes peuvent enchaîner un enfant. Si un père ou une mère enchaîne son fils au pied d'un lit, c'est *parce que* ce père, ou cette mère, est psychopathe; et si l'enfant devient idiot, c'est *parce qu'*on lui a refusé pratiquement toute chance d'apprendre.

On peut *diminuer* chez l'enfant le désir d'apprendre en limitant son champ d'expériences. Malheureusement, c'est ce qu'on fait à peu près dans le monde entier, en sous-estimant de beaucoup ce qu'il est à même d'apprendre.

On peut *accroître* ses connaissances de façon marquante, en supprimant un grand nombre des restrictions physiques que nous lui imposons.

On peut *multiplier* plusieurs fois, et ses connaissances, et même ses possibilités, en évaluant à sa juste valeur sa merveilleuse aptitude à apprendre, en lui offrant des occasions illimitées et en l'encourageant à en faire usage.

Tout au long de l'Histoire, il y a eu des cas isolés, mais nombreux, de gens qui ont effectivement appris à lire à de tout petits enfants; à lire et aussi à faire d'autres choses; simplement parce qu'ils avaient su évaluer les possibilités de ces jeunes êtres. Et dans *tous* les cas que nous avons pu découvrir, les résultats obtenus ont été « excellents », sinon « étonnants ». En grandissant, ces bébés sont devenus des enfants heureux, bien adaptés, doués d'une intelligence exceptionnelle.

Il est très important de noter qu'il ne s'agissait pas d'enfants chez lesquels on avait décelé une intelligence exceptionnelle, pour ensuite leur donner d'inhabituelles occasions d'apprendre, mais simplement d'enfants auxquels leurs parents avaient décidé d'offrir ces occasions dès le premier âge.

Et tout au long de l'Histoire, d'éminents professeurs ont souligné à maintes reprises la nécessité de développer chez l'enfant l'amour du savoir. Par malheur, ils ne nous ont pas, assez souvent, dit comment nous devons nous y prendre. Les érudits hébreux de jadis conseillaient aux parents de cuire des gâteaux en forme de lettres, que l'enfant devait identifier avant de pouvoir les manger. De même, pour lui faire reconnaître les mots hébreux, on les écrivait sur une ardoise avec du miel. L'enfant lisait les mots avant de lécher le miel, de sorte que « les paroles de la loi étaient douces à ses lèvres ».

Une fois qu'on a attiré l'attention d'un adulte sur les

gestes d'un bébé, il se demande comment il ne les a pas remarqués plus tôt.

Observez attentivement un enfant de dix-huit mois.

En premier lieu, il rend tout le monde fou.

Pourquoi cela? Parce que sa curiosité ne connaît pas de cesse. Quels que soient nos efforts, nous ne pouvons le discipliner, détourner son attention, l'arracher à sa soif de découverte.

Il veut tout savoir de la lampe, de la tasse de café, de la prise électrique, du journal, de tout ce qui se trouve dans la pièce – ce qui revient à dire qu'il culbute la lampe, renverse la tasse, met ses doigts dans la prise et déchire le journal en petits morceaux. Il apprend continuellement et, ce qui est bien naturel, nous ne pouvons supporter cela.

De ce comportement, nous avons conclu que l'enfant était affligé d'une activité excessive, et incapable de fixer son attention. Or, la simple vérité, c'est qu'il prête attention à tout. Dès qu'il s'agit de découvrir quelque chose, son esprit est en éveil. Il voit, il entend, il tâte, il sent, il goûte. Il n'a d'autres moyens d'apprendre que ses cinq sens, dont les perceptions aboutissent à son cerveau, et il fait appel à tous.

Il voit la lampe, donc il la renverse pour pouvoir la toucher, l'écouter, la regarder, la goûter. Pour peu qu'il en ait l'occasion, il fera toutes ces choses, non seulement avec la lampe, mais avec tous les objets de la pièce. Il ne demandera pas à en sortir avant d'avoir enregistré, à leur sujet, le maximum d'informations. Il fait de son mieux pour apprendre; et, bien entendu, nous faisons de notre mieux pour l'en empêcher, car de telles façons nous coûtent trop cher.

Nous autres, parents, avons conçu plusieurs méthodes pour venir à bout de la curiosité des tout petits; et, naturellement, la plupart d'entre elles s'exercent au détriment de ses connaissances.

La première méthode généralement adoptée consiste à lui-donner-pour-jouer-quelque-chose-qu'il-ne-puisse-casser. Ce qui signifie, d'ordinaire, un joli hochet rose à secouer. A la rigueur, le jouet peut être plus compliqué, mais c'est toujours un jouet. Quand on lui présente un tel objet, l'enfant le regarde avidement (c'est pourquoi les jouets sont de couleurs vives), le secoue pour découvrir s'il fait du bruit (c'est pourquoi les hochets font du bruit), le tâte (c'est pourquoi les jouets sont dépourvus d'arêtes tranchantes), le suce (c'est pourquoi la peinture en est inoffensive) et même le sent (mais nous n'avons pas encore imaginé quelle odeur il fallait leur donner). Le tout lui prend à peu près quatre-vingt-dix secondes. A présent qu'il sait sur ce jouet ce qu'il voulait savoir, l'enfant le délaisse rapidement, pour tourner son attention vers la boîte qui le contenait. Il la trouve tout aussi intéressante – voilà pourquoi il faut toujours acheter les jouets dans des boîtes. Cet examen aussi lui prend environ quatre-vingt-dix secondes. A la vérité, l'enfant accorde souvent plus d'attention à la boîte qu'au jouet lui-même. Parce qu'on lui permet de la déchirer, il est en mesure de découvrir comment elle est faite. C'est là un avantage que ne possède pas le jouet, qui est incassable; ce qui, bien entendu, réduit ses possibilités.

Ainsi, il semblerait qu'en achetant à un enfant un jouet qui sort d'une boîte, on ait trouvé le moyen de l'intéresser deux fois plus longtemps. En bref, il nous faut conclure que la durée de concentration de l'enfant est liée à la quantité d'objets qu'il peut explorer. Il ne faut pas en conclure, comme c'est souvent le cas, qu'il est incapable de fixer très longtemps son attention.

Observez autour de vous, et vous aurez des douzaines d'exemples de ce que j'avance ici. Oui, en dépit de toutes les preuves qui s'offrent à nos yeux, nous en arrivons trop souvent à la conclusion que, si l'attention d'un enfant est de courte durée, c'est tout simplement parce qu'il n'est pas très intelligent. Déduction qui implique insidieusement que, comme tous les enfants, il n'est pas très intelligent parce qu'il est très jeune. On se demande quelles seraient nos conclusions si l'enfant de deux ans s'asseyait dans un coin et jouait tranquillement, cinq heures d'affilée, avec son hochet. Ses parents seraient sans doute encore plus inquiets et non sans raison.

La seconde méthode, pour venir à bout de sa fièvre d'apprendre, consiste à le-remettre-dans-son-parc.

La seule chose pertinente, dans un parc, c'est son nom[1] – il s'agit véritablement d'un enclos. En recourant à de tels expédients, nous devrions au moins avoir l'honnêteté de ne plus dire : « Allons acheter un parc pour le petit », mais bien de reconnaître que c'est pour nous que nous l'achetons.

Il existe un dessin humoristique où l'on voit Maman,

1. En anglais, *play-pen :* enclos pour jouer. *(N. du Tr.)*

assise dans un parc, en train de lire d'un air satisfait, pendant que les enfants jouent hors du parc et ne peuvent l'approcher. Ce dessin, mis à part son côté humoristique, évoque une autre vérité : la mère, qui connaît déjà le monde, peut se permettre de s'isoler, tandis que les enfants, qui ont tout à apprendre, peuvent poursuivre leurs explorations.

Peu de parents se rendent compte de ce que coûte réellement un parc. Non seulement il restreint les possibilités qu'a l'enfant de s'instruire sur le monde qui l'entoure, ce qui est évident, mais il ralentit aussi son développement neurologique en limitant sa liberté de ramper et de se traîner – activité essentielle à une croissance normale. Ralentissement qui, à son tour, inhibe le développement de sa vision, de son habileté manuelle, de la coordination de ses gestes et de sa vue. Et j'en passe.

Nous voulons nous persuader que nous achetons un parc pour éviter que l'enfant se fasse mal en mâchonnant un fil électrique ou en dégringolant dans l'escalier. La vérité, c'est que nous l'enfermons afin de ne pas avoir à veiller nous-mêmes sur sa sécurité. En d'autres termes, nous économisons un franc pour en gaspiller mille.

Comme il serait plus sensé, si l'on veut utiliser un parc, d'en choisir un de quatre mètres sur cinquante centimètres ! Ainsi, le bébé pourrait ramper, se traîner et s'instruire, au cours de ces années vitales de son existence. Dans un tel parc, il pourrait s'avancer sur quatre mètres en ligne droite avant de se heurter aux barreaux de l'autre extrémité. Et ce parc serait aussi plus pratique pour les parents, puisque, au lieu d'encombrer une pièce, il pourrait se placer le long d'un mur.

Le parc, en tant qu'instrument pour empêcher d'apprendre, est malheureusement beaucoup plus efficace que le hochet; car, une fois que l'enfant a passé quatre-vingt-dix secondes à examiner chaque jouet que Maman a mis à l'intérieur (ce pour quoi il les jette un par un au-dehors, son examen terminé), il est bel et bien coincé.

Ainsi, en l'enfermant, nous avons réussi à l'empêcher de détruire des objets, et par là de s'instruire. Ce procédé, qui crée autour de l'enfant un vide physique, émotif et éducatif, tiendra aussi longtemps que nous supporterons ses cris angoissés; ou (si nous supportons ces cris) jusqu'à ce qu'il soit assez grand pour sortir par lui-même et reprendre sa quête.

Faut-il conclure de ce qui précède que nous sommes d'avis de laisser l'enfant casser la lampe? Pas le moins du monde. Mais seulement que nous avons eu, jusqu'ici, beaucoup trop peu de respect pour son appétit de connaissances, et cela en dépit des preuves évidentes qu'il nous donne *de son désir acharné d'apprendre tout ce qu'il peut, et aussi vite que possible.*

Des histoires sujettes à caution circulent souvent qui, même si elles ne sont pas authentiques, n'en sont pas moins révélatrices.

Il y a celle des deux gamins de cinq ans qui, au jardin d'enfants, dans la cour de récréation, voient passer un avion. L'un des deux affirme qu'il s'agit d'un avion à réaction. L'autre proteste : les ailes ne sont pas placées

assez en arrière. La cloche les interrompt et le premier déclare : « Il faut rentrer, maintenant, et nous remettre à enfiler ces damnées perles. »
Certes, cette histoire est peu vraisemblable, mais elle est vraie dans ses implications.
Considérez l'enfant de trois ans qui interroge : « Papa, pourquoi le soleil est-il chaud? » « Comment le petit homme est-il entré dans la télévision? » « Qu'est-ce qui fait pousser les fleurs? »
Alors qu'il témoigne d'une curiosité électronique, astronomique, biologique, nous lui répondons trop souvent d'aller jouer avec ses jouets. En même temps, nous avons tendance à penser que, parce qu'il est très jeune, il ne comprendrait pas, et qu'en outre son pouvoir de concentration est infime. Ce qui est vrai, à n'en pas douter – du moins en ce qui concerne les jouets.
Nous avons réussi à garder nos enfants soigneusement à l'écart de ce qui ouvrirait le champ de leurs connaissances, à une époque de la vie où le désir d'apprendre est à son apogée.
Le cerveau humain est unique en ceci qu'il est le seul contenant dont on puisse dire que plus on le remplit, plus grande est sa contenance.
Entre l'âge de neuf mois et celui de quatre ans, le pouvoir d'assimilation est sans égal, et la soif de connaître, plus intense qu'elle ne le sera jamais. Pourtant, durant cette période, les enfants sont bien tenus, bien nourris, gardés à l'abri du monde qui les entoure – et l'on fait le vide autour d'eux.
N'est-il pas ironique que, plus tard, lorsqu'ils grandi-

ront, nous ne cesserons de leur répéter qu'ils sont stupides de ne pas désirer apprendre l'astronomie, la physique et la biologie? L'étude, leur dirons-nous avec raison, est la chose la plus importante de la vie.

Nous avons négligé, cependant, l'autre aspect de la question.

L'étude est aussi le plus grand jeu de la vie, et le plus amusant.

Nous avons supposé que les enfants détestaient apprendre, parce qu'en majorité ils détestent et, souvent, méprisent l'école. Là encore, nous avons confondu instruire et apprendre. Tous les enfants n'apprennent pas à l'école – exactement comme tous les enfants qui apprennent ne le font pas obligatoirement en classe.

Mon expérience personnelle d'écolier est peut-être typique de ce qu'elle a été pour les enfants depuis des siècles. La maîtresse nous disait de nous asseoir, de nous tenir tranquilles, de la regarder et de l'écouter, tandis qu'elle se consacrerait à ce qu'elle appelait l'enseignement, processus qui, disait-elle, était pénible pour elle comme pour nous, mais grâce auquel nous nous instruirions – ou sinon...

Dans mon cas, la prophétie se révéla exacte : ce fut pénible, et, pendant les douze premières années, je détestai chaque minute de classe. Je suis sûr de n'avoir pas été le seul.

Or apprendre devrait être le plus grand des amusements, car c'est effectivement le plus grand jeu de la vie. Tôt ou tard, tous les gens intelligents en viennent à cette conclusion. De temps à autre, n'entend-on pas déclarer : « Ce fut un grand jour. J'ai appris beaucoup de choses dont j'ignorais tout. » Ou même : « J'ai passé une journée affreuse, *mais* j'ai appris quelque chose. »

Un cas récent, qui couronne des centaines de cas similaires, mais moins amusants, illustre à merveille le fait que les tout petits désirent apprendre, au point d'être incapables de distinguer l'un de l'autre instruction et jeu. Ils conservent cette attitude jusqu'à ce que nous autres, adultes, les ayons convaincus du contraire.

Notre équipe avait suivi pendant des mois une fillette de trois ans, cérébralement atteinte, et qui en était arrivée au point où il devenait nécessaire de lui faire aborder la lecture. Il était essentiel, pour sa rééducation, qu'elle apprît à lire, car il est impossible d'inhiber une fonction du cerveau sans diminuer jusqu'à un certain point l'ensemble de l'activité cérébrale. Réciproquement, en apprenant à lire à un tout jeune enfant diminué, on l'aide à parler. C'est pourquoi, ce jour-là, nous avions conseillé à ses parents de lui apprendre à lire.

Le père de la fillette se montra, cela se conçoit, extrêmement sceptique. Il ne se laissa persuader qu'en raison des progrès déjà obtenus dans l'élocution de l'enfant.

Lorsqu'il revint, deux mois plus tard, pour un nouvel examen, il nous raconta l'histoire suivante. Malgré son scepticisme, il avait décidé, puisqu'il devait apprendre à lire à sa fillette, d'adopter le « cadre typique d'une salle de classe ».

Il avait donc reconstitué ce décor dans sa cave, avec tableau noir et pupitres. Puis il avait invité sa fille aînée,

qui avait sept ans et qui était bien portante, à assister également à la classe.
Comme on pouvait s'y attendre, celle-ci, en découvrant la salle, poussa des cris de joie. Elle avait là le plus grand jouet du voisinage, plus grand qu'un landau, plus grand qu'une maison de poupée! Elle avait son école personnelle, bien à elle!
En juillet, elle alla recruter cinq enfants de trois à cinq ans pour « jouer à l'école ».
Bien entendu, cette idée les excita au plus haut point et tous promirent d'être bien sages, afin de pouvoir aller à l'école comme leurs frères et sœurs plus âgés. Tout au long de l'été, ils jouèrent à l'école cinq jours par semaine. La fillette de sept ans était le professeur, les plus petits, ses élèves.
Les enfants n'étaient pas forcés de jouer à ce jeu. Simplement, c'était le plus beau jeu qu'ils eussent jamais trouvé.
« L'école » ferma en septembre, quand le professeur de sept ans reprit ses classes.
En conséquence, il y a aujourd'hui, dans ce quartier, cinq enfants âgés de trois à cinq ans qui savent lire. Ils ne lisent pas Shakespeare, mais ils peuvent lire les vingt-cinq mots que leur a enseignés leur professeur de sept ans. Ils les lisent, et ils les comprennent.
A coup sûr, il faut compter cette enfant de sept ans parmi les grands éducateurs de l'Histoire – ou alors il faut admettre que les enfants de trois ans *veulent* apprendre à lire.

Pour notre part, nous optons pour la seconde explication.
Enfin il n'est pas sans intérêt de noter que, lorsqu'on apprend à lire à un enfant de trois ans, il peut fixer son attention sur le livre durant de longs moments, paraît doué d'une grande intelligence et cesse de briser les lampes; mais il n'a toujours que trois ans et continue à trouver les jouets d'un grand intérêt pendant environ quatre-vingt-six secondes.
Bien entendu, aucun enfant ne souhaite apprendre à lire aussi longtemps qu'il ignore que la lecture existe; mais tous les enfants désirent s'informer au sujet des choses qui les entourent. Si les conditions s'y prêtent, la lecture comptera parmi ces choses.

3

Les tout petits enfants peuvent apprendre à lire

« Un jour, il n'y a pas longtemps,
je l'ai trouvée assise par terre en train de feuilleter
un livre français. " Vois-tu, maman,
m'a-t-elle dit simplement,
j'ai lu tous les livres anglais de la maison. " »
Mrs. Gilchrist (*Newsweek,* 13 mai 1963).

Ainsi, de tout jeunes enfants peuvent apprendre à lire des mots, des phrases et des paragraphes, tout comme ils apprennent à les comprendre par l'oreille.

Encore une fois, les faits sont simples – admirables, mais simples. Nous l'avons déjà dit, l'œil voit, mais sans comprendre ce qu'il voit, l'oreille entend, mais sans comprendre ce qu'elle entend. Seul, le cerveau comprend.

Quand l'oreille perçoit un mot ou un message, ce message se décompose en une série d'impulsions électrochimiques, transmises en un éclair au cerveau qui n'entend pas, mais qui recompose et *comprend* l'idée exprimée par le mot.

Exactement de la même manière, quand l'œil perçoit

un mot ou un message imprimé, ce message visuel se décompose en une série d'impulsions électro-chimiques, transmises au cerveau qui ne voit pas, pour être rassemblées et comprises au fur et à mesure de la lecture.
Quel instrument magique, ce cerveau!
Ainsi, les messages visuels et auditifs sont interprétés, les uns et les autres, selon le même processus.
De fait, l'acuité visuelle ou auditive, à moins d'être particulièrement faible, joue un très petit rôle.
Nombre d'animaux voient et entendent infiniment mieux que l'être humain. Néanmoins aucun chimpanzé, si aiguë que soit sa vision, si fine, son ouïe, ne lira jamais le mot « liberté », ne le comprendra jamais pour l'avoir entendu. Son cerveau ne le lui permet pas.
Pour comprendre le cerveau humain, il faut considérer l'instant de la conception plutôt que celui de la naissance. En effet, le processus merveilleux et si peu connu du développement cérébral commence à la conception.
Dès la conception, le cerveau humain se développe à une vitesse explosive, qui décroît continuellement.
Explosive et *qui décroît.*
Il a pour ainsi dire atteint son plein développement à l'âge de huit ans.
A la conception, l'œuf est microscopique. Douze jours plus tard, il est assez grand pour que l'on puisse différencier le cerveau. Et cela, longtemps avant que la mère ne sache qu'elle est enceinte, si prodigieuse est la vitesse de croissance de l'embryon.
Mais, si elle est prodigieuse, cette vitesse diminue chaque jour.

A sa naissance, l'enfant pèse six ou sept livres, soit des millions de fois le poids initial de l'œuf au moment de la conception. Il est évident que si sa vitesse de croissance restait la même au cours des mois suivants, il pèserait, à neuf mois, des milliers de tonnes, et, à dix-huit mois, plusieurs millions de tonnes.

Le développement du cerveau s'accorde à celui du corps, mais sa vitesse décroît plus rapidement encore. Cela apparaît clairement quand on considère le fait qu'à la naissance le cerveau de l'enfant représente 11 pour cent du poids total du corps, alors que, chez l'adulte, il n'est plus que de 2,5 pour cent.

Quand l'enfant a cinq ans, son cerveau a atteint 80 pour cent de son développement total.

Quand il en a huit, ce développement, comme nous l'avons dit, est pratiquement achevé.

Entre huit et dix-huit ans, la croissance du cerveau est moindre qu'en une seule année, entre sept et huit ans.

Outre ces faits fondamentaux, il importe de savoir lesquelles des fonctions cérébrales sont les plus essentielles à l'homme.

Il y a exactement six fonctions neurologiques qui appartiennent exclusivement à l'homme, qui le caractérisent et le distinguent des autres créatures. Ce sont les six fonctions d'une couche du cerveau appelée cortex. Elles existent et s'exercent dès l'âge de huit ans. Il serait bon de les rappeler.

1 – Seul, l'homme est capable de marcher en se tenant absolument droit.
2 – Seul, l'homme parle un langage abstrait, symbolique et inventé.
3 – Seul, l'homme est capable de combiner ses possibilités manuelles exceptionnelles avec les capacités motrices énumérées ci-dessus pour s'exprimer par écrit.

Ces trois premières possibilités sont de nature *motrice* (expressive) et sont fondées sur les trois dernières, qui sont de nature *sensorielle* (réceptive).

4 – Seul, l'homme comprend le langage abstrait, symbolique et inventé qu'il entend.
5 – Seul, l'homme peut identifier un objet par le toucher.
6 – Seul, l'homme voit d'une manière qui le rend capable de lire le langage abstrait quand celui-ci se présente sous une forme écrite.

Un enfant de huit ans est capable d'exercer toutes ces fonctions, puisque à cet âge il marche, parle, écrit, lit, comprend le langage et identifie les objets par le toucher. Il est évident qu'à partir de ce moment il se produit simplement une sorte de multiplication latérale de ces six capacités, plutôt qu'une addition de nouvelles aptitudes.
Comme tout l'avenir de l'individu dépend, dans une large mesure, du développement de ces six fonctions au cours des huit premières années, l'étude et la descrip-

tion des différentes phases de ce développement sont de la plus haute importance.

DE LA NAISSANCE À L'ÂGE D'UN AN

Cette période est *vitale* pour l'avenir de l'enfant.
S'il est vrai que nous veillons à le tenir propre, bien au chaud, à le nourrir, il n'en est pas moins également vrai que nous limitons gravement son développement neurologique.
Ce qui *devrait* lui arriver au cours de cette période pourrait aisément fournir la matière d'un livre. Qu'il nous suffise de dire ici que, durant cette première année, le nourrisson devrait jouir d'une liberté de mouvements presque absolue, lui permettant de se livrer aux explorations et aux expériences. Cette liberté, notre société et notre culture actuelles la lui dénient généralement. Pourtant, lorsqu'on l'accorde au bébé, elle porte ses fruits; les enfants qui en ont bénéficié sont physiquement et psychiquement supérieurs. *Ce que sera l'adulte, sur le plan des capacités physiques et psychiques, cette période le détermine plus fortement que n'importe quelle autre.*

DE UN AN À CINQ ANS

Cette période est *cruciale* pour l'avenir de l'enfant.
Au cours de cette période, nous l'entourons d'amour, nous veillons à ce qu'il ne se fasse pas mal, nous l'étouf-

fons sous les jouets et nous l'envoyons à l'école maternelle. Et, totalement inconscients, nous faisons de notre mieux pour l'empêcher d'apprendre.

Au cours de ces années cruciales, il *devrait* pouvoir satisfaire son appétit de connaître, d'assimiler ce qui l'entoure sous toutes les formes possibles, mais surtout sous la forme du langage, écrit ou parlé.

C'est durant cette période que l'enfant devrait apprendre à lire et, par là, ouvrir la porte qui donne accès au trésor des choses écrites par l'homme au cours de l'Histoire, à la somme des connaissances humaines.

C'est durant ces années irremplaçables, ces années d'insatiable curiosité, que son intellect se modèle. Ce qu'il deviendra, ce que seront ses intérêts, ses aptitudes, ce sont ces années-là qui le déterminent. Certes, un nombre incalculable de facteurs pèseront sur lui en tant qu'adulte; amitiés, société, culture l'influenceront dans le choix de son métier, et certains de ces facteurs nuiront peut-être au plein exercice de ses facultés. Mais s'ils peuvent se combiner plus tard pour diminuer l'efficacité de l'enfant et son aptitude à jouir de la vie, en revanche l'adulte qu'il deviendra ne s'élèvera jamais au-dessus du potentiel qui s'établit durant cette période de l'enfance. C'est pourquoi il faudrait donner à l'enfant toutes les occasions d'acquérir des connaissances; ce qui, au demeurant, est pour lui la plus grande des joies.

Il est ridicule de croire que, lorsqu'un enfant peut satisfaire son insatiable curiosité, nous le privons de sa précieuse enfance. Une telle conception ne mériterait même pas qu'on la mentionne si elle n'était si fréquente. Pourtant, rares sont les parents qui s'y tiennent lorsqu'ils voient l'enfant se mettre avidement à lire avec maman, et qu'ils se souviennent des cris angoissés qu'il poussait pour sortir de son parc, ou de l'ennui absolu dont il témoignait au milieu de ses jouets.

Le besoin d'apprendre est, à cette époque de la vie, une nécessité impérieuse, et nous allons contre toutes les lois de la nature en essayant de nous y opposer. *Apprendre est nécessaire pour survivre*.

Le petit chat qui « joue » avec une pelote de laine utilise simplement cette pelote en guise de souris. Le chiot qui « joue » avec d'autres chiots, en feignant la férocité, apprend les moyens de survivre en cas d'attaque.

Pour survivre dans le monde de l'homme, l'individu dépend de son aptitude à communiquer, et le langage est justement l'instrument qui lui permettra de communiquer.

Le jeu de l'enfant, comme celui du petit chat, a un but : il tend à apprendre plutôt qu'à s'amuser.

L'acquisition du langage, sous toutes ses formes, est l'un de ces premiers buts, et nous devrions en prendre conscience.

N'est-il pas merveilleux que la nature omnisciente ait éveillé chez le tout petit cette soif d'apprendre ? Et n'est-il pas déplorable que nous nous soyons si gravement mépris et que nous ayons élevé tant d'obstacles sur la voie ouverte par la nature ?

Ainsi, durant cette période, le cerveau de l'enfant est comme une porte ouverte à toutes les connaissances. Il les assimile sans effort conscient d'aucune sorte. Il peut

apprendre à lire aisément et naturellement. On devrait lui en donner la possibilité.
C'est aussi durant cette période qu'il peut apprendre une langue étrangère, et jusqu'à cinq langues, ce à quoi il ne parviendra plus, ni à l'école ni à l'université. Là encore, on devrait lui donner sa chance. Ce qui lui demandera plus tard les plus grands efforts, il l'assimilera sans peine à cet âge.
C'est donc à ce moment qu'on devrait lui mettre sous les yeux tous les éléments fondamentaux du langage écrit; ce langage qu'on lui enseigne aujourd'hui, avec tant de peine, entre six et dix ans.
C'est beaucoup plus qu'une occasion unique, c'est un devoir sacré. Cette chance sans égale ne se présentera jamais plus.

DE CINQ ANS À HUIT ANS

Cette période est *très importante* pour l'avenir de l'enfant. C'est au cours de ces années, qui marquent pratiquement la fin de l'époque où il est malléable, où son esprit se laisse modeler et former, que commence sa vie d'écolier. Quel traumatisme cette période ne peut-elle provoquer! Qui ne se souvient de ces années, si éloignées soient-elles? Les premiers pas au jardin d'enfants et les deux années qui suivent sont fréquemment les plus lointains souvenirs dont l'adulte conserve la mémoire. Et, bien souvent, ce ne sont pas des souvenirs agréables.
Pourquoi donc, alors que les enfants manifestent un

désir si acharné d'apprendre?... Peut-on interpréter ce phénomène comme une preuve que ce désir n'existe pas? Ou est-ce – ce qui est plus probable – l'indication que nous commettons quelque erreur fondamentale? Et dans ce cas, laquelle? Considérons les faits.

Cet enfant de cinq ou six ans qui, jusqu'ici, ne s'est jamais, ou s'est rarement éloigné de chez lui, voilà que nous l'introduisons tout à coup dans un monde physique et social entièrement neuf. Si, à cet âge, il n'éprouvait alors la nostalgie de son foyer et de sa mère, ce serait la preuve qu'il n'était guère heureux chez lui. Simultanément, on l'initie à la discipline du groupe et à la notion d'enseignement.

Il ne faut pas oublier que l'enfant, s'il a depuis longtemps la faculté d'apprendre, possède encore un jugement très limité. En conséquence, il associe dans son esprit le chagrin de se trouver soudain séparé de sa mère avec sa première expérience d'écolier, et ce début d'enseignement avec ce qui est, au mieux, un vague sentiment de tristesse. Voilà ce qu'on pourrait difficilement appeler un heureux départ pour l'une des grandes affaires de la vie.

En agissant ainsi, nous portons aussi un coup sévère à l'institutrice. Comment s'étonner si nombre d'entre elles font face à leur tâche avec une détermination farouche, plutôt que dans un esprit d'anticipation joyeuse? Avant même d'avoir posé les yeux sur leur nouvel élève, elles ont contre elles ce désavantage.

Comme il serait préférable, d'un côté comme de l'autre, que, lors de ce premier jour de classe, le nouvel écolier ait déjà pris l'habitude d'apprendre dans la joie. Dans ce cas, son amour de la lecture et du travail, tout prêt à se développer, atténuerait en grande partie le choc psychologique qu'il éprouve à ne plus pouvoir s'accrocher aux jupes de sa mère.

En réalité, dans les cas isolés où l'enfant a été initié très jeune à l'étude, on a plaisir à constater que cet amour se reporte tout naturellement sur l'école. Fait significatif, quand ces enfants-là sont souffrants, ils tentent souvent de le cacher à leur mère (généralement sans succès) afin qu'on ne les prive pas de l'école. Quel changement par rapport à nous, qui simulions la maladie (généralement sans succès), à seule fin d'éviter l'école!

Notre ignorance de ces facteurs fondamentaux nous a conduits à un comportement psychologiquement funeste. Du point de vue éducatif, l'enfant de sept ans commence – mais à lire des futilités très au-dessous du niveau de sa curiosité, de ses connaissances et ses aptitudes.

Ce qu'on devrait lui montrer, entre cinq et huit ans, c'est précisément ce qu'on lui montre aujourd'hui, entre huit et quatorze ans.

Si l'on agissait ainsi, il est évident que l'on obtiendrait de bons résultats; à moins, bien sûr, que l'on ne s'obstine à croire que l'ignorance conduit au bien et le savoir au mal, et que tripoter un jouet apporte plus de bonheur que de s'instruire sur le monde.

Il est tout aussi absurde de penser qu'en emplissant le cerveau de connaissances on risque de le surmener, et qu'en le laissant vide, on le préserve.

Ce que les enfants seront en mesure d'apprendre dans

de telles conditions, et avec quelle joie, on ne peut aujourd'hui qu'en rêver... Mais si nous leur donnons cette chance, il ne fait aucun doute que leur influence sur le monde sera bénéfique.

La quantité de connaissances que nous empêchons nos enfants d'acquérir montre à quel point nous méconnaissons leur capacité d'assimilation. Ce qu'ils réussissent à apprendre *en dépit* de nos efforts témoigne de cette capacité.

Le jeune enfant est presque la réplique exacte d'une machine à calculer électronique, encore qu'il lui soit supérieur à tous points de vue, ou presque.

Une telle machine est capable d'enregistrer, facilement et sans effort, une grande quantité d'informations.

De même le tout petit enfant.

Une telle machine est capable de trier et de classer ces informations.

L'enfant de même.

Une telle machine est capable d'emmagasiner ces informations, soit définitivement, soit temporairement.

L'enfant de même.

On ne peut attendre d'une machine une réponse précise avant de lui avoir fourni les données fondamentales sur lesquelles est fondée la question. Cette réponse, elle ne pourrait la donner.

L'enfant non plus.

Quand on a fourni à la machine les données suffisantes, on reçoit d'elle la réponse exacte, et même des appréciations.

De même pour l'enfant.

La machine ne rejette aucune information, si on la lui fournit sous la forme adéquate.
L'enfant non plus.
Si l'on fournit à la machine des données inexactes, les réponses que l'on obtiendra d'elle, fondées sur ces données, seront inexactes.
De même pour l'enfant.
Ici s'arrête le parallèle.
Si l'on fournit à la machine des données inexactes, on peut les annuler et lui en fournir de nouvelles.
Tel n'est pas le cas de l'enfant. Il y a deux restrictions aux connaissances fondamentales dont s'imprègne son cerveau. La première, c'est que si on lui fournit des informations erronées au cours des huit premières années, il sera extrêmement difficile de les effacer par la suite. La seconde, c'est qu'après l'âge de huit ans il n'assimilera que lentement et avec plus de peine les nouvelles connaissances.
Considérons l'enfant de Brooklyn qui dit « pernt » pour « point [1] », celui de Georgie qui dit « heah » pour « here [2] », celui du Massachusetts qui dit « idear » pour « idea [3] ». Il est rare que les voyages ou l'éducation éliminent ces fautes de prononciation régionales, qui sont, à la vérité, ce que sont tous les accents, si charmants soient-ils. Même si, par la suite, l'éducation applique sur ces premières notions un vernis artificiel, il suffira d'une période de tension nerveuse pour le faire disparaître.

1. Point.
2. Ici.
3. Idée.

On raconte ainsi l'histoire d'une figurante très belle, mais inculte, qui avait épousé un homme très riche. Celui-ci s'était donné toutes les peines du monde, et apparemment avec succès, pour éduquer sa femme. Mais, quelques années plus tard, alors qu'elle descendait de voiture avec l'allure convenant à la femme du monde qu'elle était devenue, son collier de perles, d'une valeur inestimable, se prit dans la voiture et se brisa ; les perles roulèrent dans toutes les directions.
– Bon dieu, mon collier! s'écria-t-elle.

Ce qui imprègne le cerveau de l'enfant au cours de ces huit premières années y restera sans doute définitivement. C'est pourquoi il faudrait faire l'impossible pour que ces premières notions soient justes et bonnes. On a dit : « Donnez-moi un enfant jusqu'à ses huit ans, et vous pourrez ensuite en faire ce que vous voudrez. » Rien n'est plus vrai.
Tout le monde sait avec quelle facilité les tout jeunes enfants se souviennent des propos qu'ils entendent même quand le sens de ces propos leur échappe.
Tout récemment, nous avons observé un enfant de huit ans qui lisait dans une cuisine. La radio marchait, le chien aboyait et la famille discutait, avec une ardeur qui allait grandissant. L'enfant apprenait par cœur une assez longue poésie, qu'il devait réciter en classe le lendemain. Il y réussit parfaitement.
Si l'on demandait à un adulte d'apprendre par cœur un poème, pour le réciter le lendemain en public, il

serait probablement pris de panique. Admettons même qu'il y réussisse. Six mois plus tard, si on lui demandait de réciter de nouveau ce poème, il en serait incapable; mais il se souviendrait de ceux qu'il a appris dans son enfance.

Au cours de ces années vitales, un enfant est donc capable d'enregistrer et de retenir à peu près tout ce qui s'offre à lui. Il lui est facile d'apprendre les langues, que celles-ci soient parlées ou écrites, qu'il les apprenne par le truchement de l'œil ou de l'oreille.

Comme on l'a déjà souligné, avec chaque jour qui passe, sa capacité d'assimilation va *diminuant;* mais il est également vrai que son jugement va grandissant. Finalement, ces courbes descendante et ascendante se croisent.

Avant le moment où elles se rejoignent, l'enfant est, à plusieurs égards, véritablement supérieur à l'adulte. Son aptitude à apprendre les langues en est un exemple.

Considérons ce seul facteur de supériorité.

L'auteur, au cours de son adolescence, a passé quatre ans à étudier le français, et il est allé deux fois en France; pourtant, on peut dire qu'il ne parle pas couramment cette langue. Or, en France, tout enfant normal, bon nombre d'enfants au-dessous de la moyenne et même certains enfants arriérés, apprennent à bien parler le français, en respectant les principales règles de grammaire, avant l'âge de six ans.

Si l'on y réfléchit, c'est là un fait assez troublant.

A première vue, on pourrait croire qu'il ne résulte pas de la différence d'âge, mais de la différence de lieu : l'enfant est en France, alors que l'adulte n'y était pas.

Voyons si telle est bien la vérité, ou si, au contraire, il ne s'agit pas, sur ce point, d'une grande différence d'aptitudes, illimitées chez l'enfant, et très affaiblies chez l'adulte.
Des dizaines de milliers d'officiers américains occupent des postes à l'étranger, et nombre d'entre eux ont essayé d'apprendre la langue du pays où ils se trouvent. Prenons l'exemple du commandant John Smith. Il a trente ans. Cet homme robuste, sorti de l'université, possède un Q.I. [1] qui dépasse de quinze points la moyenne. Il est affecté à un poste en Allemagne.
On l'envoie à un cours d'allemand, auquel il assiste trois fois par semaine. Ces cours de langues de l'armée sont remarquables, et l'on y fait appel aux meilleurs professeurs, qui appliquent la méthode du langage parlé.
Le commandant Smith travaille très sérieusement – c'est important pour sa carrière; en effet, tout le long de la journée, il a affaire à des Allemands.
Pourtant, un an plus tard, quand il va faire des courses en compagnie de son fils, âgé de cinq ans, c'est celui-ci qui se charge des relations avec les commerçants. Pourquoi?... Pour la bonne raison qu'il parle assez couramment l'allemand, ce qui n'est pas le cas de son père.
Comment est-ce possible?
Le père a travaillé avec le meilleur professeur de l'armée et il ne parle pas vraiment l'allemand, alors que son fils de cinq ans y parvient!

1. Quotient intellectuel. *(N. du Tr.)*

Qui a appris cette langue à l'enfant? A la vérité, personne. Simplement, il passe ses journées à la maison avec la bonne qui parle allemand. Qui a appris à la bonne? Personne.
On a enseigné l'allemand au père, qui ne le parle pas. On ne l'a pas enseigné à l'enfant, qui le parle.
De peur que le lecteur ne se laisse prendre au piège et n'attribue le fait à la légère différence des milieux dans lesquels vivent le commandant Smith et son fils depuis un an, considérons rapidement le cas de Mrs. Smith, qui habite la même maison et est servie par la même bonne. Mrs. Smith ne sait pas mieux l'allemand que le commandant; elle le sait certainement moins bien que son fils.
Ce gaspillage des possibilités uniques de l'enfant n'est pas seulement déplorable, il est risible.
Si les Smith avaient eu plusieurs enfants à l'époque où ils sont partis pour l'Allemagne, l'aptitude de ceux-ci à apprendre l'allemand eût été inversement proportionelle à leur âge.
Celui de trois ans aurait été celui qui aurait le mieux appris.
Celui de cinq ans aurait bien appris, mais moins bien que son cadet.
Celui de dix ans aurait bien appris, mais moins bien que celui de cinq ans.
Celui de quinze ans aurait appris un peu d'allemand, qu'il aurait vite oublié.
Le pauvre commandant et Mrs. Smith, quant à eux, n'ont pratiquement rien appris du tout.
L'exemple que nous avons donné, loin d'être un cas

isolé, est presque universellement vrai. Nous avons connu des enfants qui, dans les mêmes conditions, ont appris le français, l'espagnol, l'allemand, le japonais ou l'iranien.

Un autre point sur lequel nous aimerions attirer l'attention, ce n'est pas tant la facilité innée avec laquelle l'enfant apprend les langues, que l'*incapacité* de l'adulte.

Lorsqu'on considère les millions de dollars gaspillés tous les ans dans les lycées et les universités américains en vaines tentatives pour enseigner les langues aux jeunes gens, on reste horrifié.

Que le lecteur ou la lectrice se pose la question : a-t-il, a-t-elle *réellement* appris une langue étrangère au lycée ou à l'université ?

Si, après quatre ans de cours de français, le lecteur, arrivé en France, est capable de demander péniblement au garçon un verre d'eau, qu'il tente alors d'expliquer qu'il veut un verre d'eau *glacée*. Il n'en faudra pas plus pour le convaincre que quatre ans d'étude n'ont pas suffi. Ils suffisent pourtant à n'importe quel petit enfant.

Mais nous avons toujours accepté sans y prêter attention cette faculté mystérieuse, qui tient réellement du miracle.

Tout enfant normal (il en est de même, on l'a vu, de nombre d'enfants anormaux) apprend une langue entière entre l'âge d'un an et celui de cinq ans. Il l'apprend avec l'accent exact du pays, de la province, de la ville, de son milieu et de sa famille. Il l'apprend sans effort apparent, telle qu'on la parle. Qui a jamais renouvelé pareil exploit ?

Et ce n'est pas tout.
Tout enfant élevé dans une famille bilingue apprend *deux* langues avant l'âge de six ans. Bien plus, il apprend la langue étrangère avec l'accent exact de la région dont ses parents sont originaires.
Si un petit Américain dont les parents sont italiens rencontre plus tard un véritable Italien, celui-ci ne manquera pas de s'écrier : « Tiens, vous êtes de Milan! (Si les parents sont originaires de Milan.) Ça s'entend à votre accent. » Et cela, en dépit du fait que l'Italo-Américain ne sera jamais sorti des États-Unis.
Tout enfant élevé dans une famille où l'on parle trois langues parlera trois langues avant l'âge de six ans. Et ainsi de suite.
Tout récemment, l'auteur, alors qu'il était au Brésil, a fait la connaissance d'un petit garçon de neuf ans, d'intelligence moyenne, qui parlait, lisait et écrivait neuf langues à peu près couramment. Avi Roxannes est né au Caire (français, arabe et anglais) et son grand-père (turc) habitait avec lui. Quand il a eu quatre ans, la famille est partie pour Israël, où la grand-mère paternelle d'Avi (espagnole) les a rejoints. En Israël, il a appris trois nouvelles langues (l'hébreu, l'allemand et le yiddish), puis, à l'âge de six ans, il est parti pour le Brésil (portugais).
Depuis lors, les Roxannes, sagement, entretiennent avec Avi des conversations dans chacune des neuf langues (soit collectivement, soit individuellement). Les parents d'Avi, ayant appris chacun cinq langues étant enfants, sont de loin meilleurs polyglottes que la plupart des

gens ; mais, bien entendu, lorsqu'on en vient à l'anglais ou au portugais, qu'ils ont appris adultes, ils ne peuvent se mesurer avec leur fils.

Nous avons vu plus haut qu'il y avait eu, au cours de l'Histoire, de nombreux exemples, soigneusement étudiés, de très jeunes enfants auxquels leurs parents avaient enseigné des choses considérées – alors et maintenant – comme extraordinaires.

Il y a notamment le cas de la petite Winifred, dont la mère, Winifred Sackville Stoner, écrivit même un livre intitulé *Éducation naturelle,* qui fut publié en 1914.

Dès la naissance de Winifred, sa mère lui donna toutes les occasions d'apprendre. Nous parlerons plus loin des résultats obtenus par cette méthode. Pour le moment, voyons ce que nous dit Mrs. Stoner sur les possibilités que présentait sa fille à l'âge de cinq ans, en ce qui concerne les langues.

« Dès que Winifred fut en mesure d'exprimer tous ses désirs, je me mis à lui enseigner l'espagnol, par la conversation et par la même méthode directe que j'avais employée pour l'anglais. Je choisis l'espagnol comme seconde langue parce que c'est la plus simple des langues européennes. A cinq ans, Winifred était capable de s'exprimer en huit langues et je ne doute pas qu'elle eût doublé ce chiffre si j'avais continué notre " jeu de construction " de mots, en différentes langues. Mais, à ce moment, je crus que l'espéranto deviendrait bientôt le moyen d'expression international, et je me dis que la

connaissance de langues multiples ne serait peut-être pas d'une grande utilité à ma petite fille. »
Un peu plus loin, Mrs. Stoner écrit : « Les méthodes habituelles d'enseignement des langues au moyen de la grammaire et des déclinaisons se sont révélées un échec complet, quant à la possibilité, pour les élèves, d'utiliser la langue comme moyen d'expression.
« Il y a des professeurs de latin qui enseignent le latin depuis un demi-siècle sans pouvoir le parler couramment. A l'âge de quatre ans, ma petite fille perdit toute confiance en eux quand elle vit que l'un d'eux ne comprenait pas cette simple question : *Quid agis?* Il l'avait regardée d'un air stupéfait lorsqu'elle avait dit, se mettant à table : *Ab ovo usque ad mala.* »
Sans oublier ce don extraordinaire de l'enfant pour les langues, revenons sur ce fait essentiel : le processus par lequel il comprend le langage parlé et le langage écrit est exactement le même.
Dès lors, comment ne pas admettre que les tout petits doivent également posséder un don unique pour la lecture? Et en effet, pour peu qu'on leur en donne l'occasion, ils manifestent ce don. Nous allons bientôt en voir quelques exemples.

Quand un chercheur, ou un groupe de chercheurs, est conduit à ce qui semble une idée neuve et importante, plusieurs précautions s'imposent avant qu'il ne la publie et ne la répande.
Tout d'abord, il doit mettre cette idée à l'épreuve dans

la vie, pour voir à quels résultats elle aboutira. Ils peuvent être bons, mauvais ou indifférents.

En second lieu, si neuve que l'idée paraisse, il est possible que quelqu'un, quelque part, l'ait déjà conçue et appliquée. Il est possible que ce quelqu'un ait enregistré ses découvertes.

Ce n'est pas seulement le privilège, mais aussi le devoir de ceux qui expriment de telles idées, de compulser attentivement tous les documents existants, pour déterminer ce qu'on a déjà pu dire sur le sujet. Et cela, même si l'idée semble tout à fait neuve.

Entre 1959 et 1962, notre équipe n'ignorait pas que d'autres études étaient en cours, aux États-Unis comme à l'étranger, avec de tout jeunes enfants, au sujet du problème de la lecture. Nous avions une idée générale de ces travaux. Tout en les approuvant dans une large mesure, nous restions persuadés que la base d'un tel enseignement était neurologique plutôt que psychologique, émotive ou pédagogique.

En étudiant à fond la littérature consacrée à ce sujet, nous fûmes frappés de quatre faits :

1 – L'enseignement de la lecture aux tout petits a fait l'objet d'observations, non pas récentes, mais vieilles de plusieurs siècles.

2 – Souvent des gens, à des générations de distance et poussés par des philosophies et des mobiles différents, ont adopté le même comportement.

3 – Tous ceux qui ont décidé d'apprendre à lire à de très jeunes enfants ont employé des méthodes qui, bien

que variant quelque peu par la technique, se ressemblent en de nombreux points.

4 – *Enfin, dans tous les cas que nous pûmes découvrir où des enfants avaient appris à lire chez eux, la tentative avait réussi, quelle que fût la méthode adoptée.*

Nombre de ces cas avaient fait l'objet d'une étude attentive et détaillée. Cependant, il y en avait peu d'aussi clairs que celui de la petite Winifred. Mrs. Stoner, sans posséder notre connaissance du système nerveux, en était arrivée à peu près aux mêmes conclusions que nous. Elle écrivait, il y a un demi-siècle :

« Quand mon bébé eut six mois, je fixai au mur, tout autour de sa chambre, une bordure de carton blanc, haute d'un mètre vingt. Sur l'un des murs, je plaçai les lettres de l'alphabet, que j'avais découpées dans du papier glacé de couleur orange. Sur un autre mur, je composai, à l'aide de lettres similaires, des mots simples, disposés en rangs, tels que *bat, cat, hat, mat, rat*[1]; *bog, dog, hog, log*[2]. Vous remarquerez que cette liste ne comportait que des noms...

« Lorsque Winifred eut appris toutes ses lettres, j'entrepris de lui apprendre les mots inscrits sur le mur, en les épelant à haute voix et en composant avec eux de petites poésies...

« Grâce à ces “jeux de construction” de mots, et à l'impression produite sur l'esprit de Winifred quand je les lui lisais, elle apprit à lire à l'âge de seize mois, sans

1. Chauve-souris, chat, chapeau, paillasson, rat.
2. Marais, chien, cochon, bûche.

avoir reçu ce qu'on appelle une seule leçon de lecture. Quatre de mes amies ont essayé cette méthode avec le même succès. Tous ces enfants purent lire des textes simples avant l'âge de trois ans. »

Cette histoire n'a rien d'exceptionnel.

En 1918, un autre exemple, tout à fait comparable, fut signalé. Il s'agissait d'une enfant du nom de Martha (parfois appelée Millie), à laquelle son père, un avoué, avait entrepris d'apprendre à lire alors qu'elle avait dix-neuf mois.

Martha habitait dans le voisinage de Lewis M. Terman, pédagogue célèbre. Terman fut très frappé du résultat obtenu par le père de Martha, et il pressa celui-ci de rédiger un compte rendu détaillé de cette expérience. Ce compte rendu parut, avec une introduction de Terman, dans le *Journal of Applied Psychology,* vol. II (1918).

Coïncidence curieuse, le père de Martha, tout comme l'auteur et comme la mère de Winifred se servait, pour composer ses mots, de grandes capitales rouges.

Parlant de la fillette dans *Genetic Studies of Genius and Mental and Physical Traits of a Thousand Gifted Children* (1925), Terman écrit :

« Cette enfant détient probablement le record du monde de précocité. A vingt-six mois et demi, son vocabulaire de lecture dépassait sept cents mots. Dès l'âge de vingt et un mois, elle lisait et comprenait des phrases simples, non comme des mots isolés, mais bien comme des idées liées entre elles. A cet âge, elle savait aussi distinguer et nommer les couleurs principales.

« Quand elle eut vingt-trois mois, elle manifesta un plaisir évident à lire. A deux ans, son vocabulaire était de deux cents mots; et, comme on l'a vu, deux mois et demi plus tard, il avait dépassé sept cents mots.

« A vingt-cinq mois, elle lut un petit texte à l'un d'entre nous, couramment et avec les inflexions voulues, dans un livre élémentaire qu'elle n'avait jamais vu auparavant. Elle lisait alors aussi bien que la moyenne des enfants de sept ans après un an d'école. »

A l'Institut pour le Développement des Possibilités humaines de Philadelphie, on a constaté qu'il était possible d'apprendre à lire à des enfants atteints de lésions cérébrales. Cela ne prouve pas que de tels enfants soient supérieurs aux enfants normaux, mais simplement que tous les jeunes enfants peuvent apprendre à lire.

Et nous, les adultes, *devrions* vraiment leur donner cette chance, ne serait-ce que parce qu'ils y trouvent un grand plaisir.

4

Les tout petits enfants apprennent à lire

« Bien sûr, on ne peut pas dire qu'il sache lire, puisqu'il n'a que trois ans. Mais, quand nous allons au marché, il lit les noms imprimés sur un grand nombre de boîtes et de paquets. »

(Presque tous les parents qui ont un enfant de trois ans.)

En novembre 1962, lors d'une réunion de pédagogues, de médecins et de spécialistes du développement neurologique de l'enfant, l'inspecteur de l'instruction du Comté nous narra l'histoire suivante.

Il s'occupait de pédagogie depuis trente-cinq ans. Quinze jours avant la réunion, une institutrice de jardin d'enfants lui rapporta qu'au moment où elle s'apprêtait à faire la lecture à sa classe, un petit garçon de cinq ans s'offrit à le faire à sa place. L'institutrice lui fit remarquer qu'il s'agissait d'un nouveau livre qu'il n'avait jamais vu, mais il affirma qu'il saurait le lire. Pensant que le meilleur moyen de le dissuader était de le laisser essayer, l'institutrice accéda à sa demande — et il lut. Il lut le livre entier, à haute voix, facilement et sans se tromper.

L'inspecteur observa que, depuis trente-deux ans qu'il exerçait sa profession, on lui avait parfois parlé d'enfants qui pouvaient lire des livres à l'âge de cinq ans, mais que, pour sa part, il n'en avait encore jamais vu.
– Cependant, remarqua-t-il, au cours des trois dernières années, il y en a eu au moins un par classe de jardin d'enfants.
Pendant trente-deux ans, aucun enfant de cinq ans ne sachant lire, et puis, au cours des trois dernières années, un enfant au moins par classe de jardin d'enfants!...
L'inspecteur déclara, pour conclure, qu'il avait examiné chaque cas, afin de déterminer qui avait appris à lire à ces enfants.
– Savez-vous qui? demanda-t-il au spécialiste qui dirigeait les débats.
– Je crois le savoir, répondit celui-ci. La réponse est : personne.
C'était vrai.
En un sens, personne n'avait appris à lire à ces enfants; tout comme, d'une certaine façon, personne n'apprend à un enfant à comprendre le langage parlé.
Dans l'un et l'autre cas, c'est tout le monde, c'est le milieu ambiant qui joue ce rôle de professeur.
De nos jours, la télévision fait partie intégrante du milieu ambiant des petits Américains. C'est là le facteur essentiel qui s'est trouvé ajouté à la vie des tout petits.
En regardant, sur l'écran, les annonces publicitaires qui apparaissaient en gros caractères bien nets, en entendant simultanément les mots prononcés à haute voix,

les enfants, inconsciemment, commencent à apprendre à lire. Grâce à quelques questions clefs posées aux adultes, ignorants de ce qui se passe, ils font un nouveau pas en avant. En se faisant lire des livres d'histoires, par des parents qui ne cherchent qu'à les amuser, ils acquièrent une étonnante connaissance des mots.

Dans les cas où les parents ont pris conscience de ce qui se passait, ils ont, avec joie, aidé leurs enfants. En général, ils l'ont fait en dépit d'amis bien intentionnés, qui leur annonçaient que quelque chose d'affreux ne manquerait pas d'arriver à leur enfant s'il apprenait à lire avant d'aller à l'école.

Bien que nous n'ayons publié sur nos travaux aucun communiqué avant 1963, nous reçûmes, bien avant cette date, la visite de centaines de spécialistes et d'étudiants diplômés qui avaient eu vent de nos recherches.

En outre, plus de quatre cents pères et mères d'enfants atteints de lésions cérébrales leur apprenaient à lire en suivant nos directives. Plus d'une centaine de ces enfants avaient moins de cinq ans.

Il était inévitable que l'objet de nos efforts s'ébruitât. Au début de 1963, nous avions déjà reçu des centaines de lettres. Vers la fin du printemps, après la parution dans un magazine d'un article de l'auteur, il nous en arriva des milliers.

Un très petit nombre seulement de ces correspondants nous adressaient des critiques; nous parlerons plus tard de leurs lettres et des questions qu'elles soulevaient.

Des mères nous écrivirent de tous les coins des États-

Unis et de l'étranger. Nous apprîmes ainsi avec satisfaction qu'un grand nombre de parents avaient appris à lire à des enfants de deux et trois ans. Dans certains cas, le fait remontait à quinze ans et plus, et beaucoup de ces enfants étaient à présent à l'université ou déjà munis de leurs diplômes. Ces lettres constituaient un faisceau de nouvelles preuves, concernant les dons des tout petits dans le domaine de la lecture. En voici quelques extraits :

Messieurs,

... J'ai pensé qu'il pourrait vous intéresser de savoir que j'ai effectivement appris à lire à un bébé, il y a dix-sept ans. Je n'avais aucune méthode précise et, à vrai dire, je ne me suis pas rendu compte, à l'époque, du caractère inhabituel de la chose. Tout est venu de mon amour pour les livres. Quand ma fille était toute petite, je lui lisais des histoires. Ensuite, en raison d'une longue maladie, je dus lui trouver des occupations tranquilles. Elle avait alors deux ans et demi.

Nous avions un jeu de lettres de six ou sept centimètres de haut et des cartes sur lesquelles étaient écrits des mots très simples. Elle se prit d'un intérêt passionné pour ces lettres, qu'elle s'amusait à retrouver dans nos livres. Elle apprit même certaines lettres par la publicité aérienne.

Alors qu'elle n'avait pas encore l'âge du jardin d'enfants, elle lisait suffisamment bien pour trouver dans les journaux les articles sur les incendies, qui lui faisaient très peur; elle avait, de loin, dépassé le niveau des abécédaires...

Elle est aujourd'hui à l'université; bien plus, elle connaît le même succès dans le monde que dans les sports, et elle a de nombreux talents. Voilà ce que réservait l'avenir à l'un des enfants qui ont su lire avant l'âge de trois ans...

Cher Monsieur,

... Ma fille en est la preuve. Elle a aujourd'hui quinze ans, étudiante de seconde année, et n'a obtenu que des notes excellentes depuis l'école primaire.

... Elle a une personnalité étonnante et tout le monde l'aime, ses professeurs comme ses camarades...

Mon mari est un grand mutilé de la Première Guerre mondiale... Ni lui ni moi n'avions assez d'instruction pour obtenir un emploi intéressant. Il est allé jusqu'à la 5e, et moi jusqu'à la 8e. Nous gagnions notre vie en voyageant et en vendant de porte en porte de menus articles... Nous avons acheté une caravane de six mètres... C'est dans cette caravane que nous avons élevé notre fille... Quand elle a eu dix mois, je lui ai acheté son premier livre... C'était un abécédaire, où l'on voyait les objets qui représentaient chaque lettre – A pour *apple* [1], etc. Au bout de six mois, elle connaissait tous les objets et pouvait les nommer. Quand elle a eu deux ans, je lui ai acheté un nouvel abécédaire et aussi d'autres livres. En voyageant, nous avions tout le temps de les lui montrer. Quand nous nous arrêtions dans l'une ou l'autre ville, il fallait bien l'occuper. Pen-

1. Pomme.

dant que je vendais, mon mari devait la distraire. Elle ne cessait de lui demander comment se prononçaient les différents signes. Il la renseignait... Nous ne lui avons jamais appris l'alphabet. Elle l'a appris plus tard, à l'école... Elle a commencé à aller en classe à l'âge de six ans et, sans aucune peine, a obtenu les meilleures notes... Nous habitons toujours dans une caravane. Le panneau du fond est réservé à ses livres... Il y a ici une bibliothèque municipale où elle puise abondamment.

Je sais que cette lettre est bien longue et que j'ai l'air de me vanter, mais sincèrement ce n'est pas mon but. Seulement, si leurs parents leur en donnaient la possibilité, des tas d'enfants pourraient faire la même chose que ma fille. On ne peut jeter brusquement ces gosses à l'école à l'âge de six ans et s'attendre qu'ils progressent rapidement sans leur avoir donné d'abord une petite base.

... Si vous croyez que cette lettre peut être de quelque utilité à de jeunes parents, vous pouvez la publier. Sinon, c'est sans importance. Je voulais seulement vous dire ce que je sais : On *peut* apprendre à lire à un bébé!

Messieurs,

... Je voudrais ajouter que c'est à la portée d'un amateur comme moi-même... mon aîné a appris l'alphabet par hasard avant d'avoir dix-huit mois...

... Quand il avait environ trois ans, il demandait la signification des poteaux indicateurs... et il savait lire avant d'aller au jardin d'enfants, sans avoir reçu beaucoup d'aide de ma part, sinon par les réponses que je donnais à ses questions. Bien qu'il soit en première pour l'écriture, il suit tout le programme de la seconde en lecture et en arithmétique et il est à la tête de sa classe... A-t-on un Q.I. élevé parce qu'on a su lire très jeune, ou le fait de lire très jeune découle-t-il de ce qu'on a un Q.I. élevé?

... Je n'ai jamais eu beaucoup de temps à consacrer à mon second fils et, de ce fait, il n'a pas, de loin, autant de connaissances que son frère. Je ne puis m'empêcher de le regretter. Ce sera peut-être pour lui, sa vie durant, un désavantage.

... Pour ma part, j'affirme qu'ils *aiment* apprendre et qu'ils apprennent beaucoup plus quand ils sont tout petits, alors que c'est simplement pour eux « un jeu d'enfant ».

Cher Monsieur,

...fini par reconnaître qu'on peut apprendre à lire aux enfants de deux, trois et quatre ans, et mieux encore, qu'ils le désirent. Ma propre fille connaissait son alphabet... et pouvait lire plusieurs mots à l'âge de deux ans. Quelques jours après son troisième anniversaire, elle sembla découvrir qu'en lisant plusieurs mots de suite on obtenait cette pensée complète qu'on appelle phrase. De ce jour-là, elle fit de rapides progrès. A présent, à quatre ans et demi, elle lit au moins aussi bien que la plupart des enfants au bout de deux ans d'école.

Un médecin de Norvège fit ses commentaires :

Cher Monsieur,

J'ai trois enfants et j'ai appris à lire à deux d'entre eux, aux âges de quatre et trois ans, par une méthode légèrement différente. Vos arguments me semblent très convaincants. D'après mon expérience, je crois votre méthode définitivement meilleure que la mienne et je tenterai, dès l'année prochaine, de l'appliquer avec mon dernier-né (sept mois).
... En Norvège, on recommande d'empêcher les enfants d'apprendre à lire avant l'âge de l'école, et ce secret est aussi jalousement gardé qu'autrefois celui de l'éducation sexuelle. Malgré cela, en examinant deux cents enfants qui n'étaient pas encore allés à l'école, j'ai obtenu les résultats suivants : 10 pour cent d'entre eux lisaient assez bien, et plus du tiers connaissaient toutes les lettres.
Le développement du cerveau est, je crois, la tâche la plus essentielle et la plus pressante de notre époque. A mon avis, vous avez réellement fait œuvre de pionnier.

Il faut bien spécifier que ces mères avaient appris à lire à leurs enfants, ou découvert qu'ils savaient lire, avant la publication de ce livre. On ne doit donc en aucune façon interpréter leur témoignage comme une approbation des méthodes recommandées ici. Ce sont simplement des lettres de mères vigilantes, qui conviennent que les enfants *peuvent* apprendre à lire, le *font* et le *doivent* avant d'entrer à l'école.

A Yale, le Dr O. K. Moore se livre depuis de longues années à des recherches approfondies sur la manière d'apprendre à lire aux futurs écoliers. Il croit la tâche plus facile si l'enfant a trois ans que s'il en a quatre, s'il en a cinq que s'il en a six.
Bien sûr que c'est plus facile! Il ne saurait en être autrement.
Cependant, que de fois n'avons-nous pas entendu répéter que les enfants ne peuvent et ne doivent pas apprendre à lire avant l'âge de six ans?
Il y a environ un demi-siècle, une femme du nom de Maria Montessori fut la première Italienne à obtenir son diplôme de médecin. Le Dr Montessori se prit d'intérêt pour une catégorie d'enfants, extrêmement négligés, que l'on appelait vaguement des « arriérés ». Une telle dénomination n'a rien de scientifique; des centaines de raisons différentes peuvent retarder le développement d'un enfant. Néanmoins, Maria Montessori apporta tout à la fois à ces enfants des soins médicaux et une compassion, une compréhension toutes féminines.
En travaillant avec eux, elle se rendit compte qu'on pouvait les amener à un niveau bien supérieur à celui qu'ils atteignaient jusqu'alors, surtout si l'on commençait à les former avant l'âge de l'école.
Le Dr Montessori décida de s'adresser à ces enfants par l'intermédiaire des cinq sens et entreprit de les instruire en utilisant des moyens visuels, auditifs et tactiles. Les résultats furent si satisfaisants que certains de ses enfants « arriérés » réussirent aussi bien que des enfants normaux. Ce qui amena le Dr Montessori à conclure que les

enfants normaux sont loin d'exploiter leurs possibilités et qu'on devrait leur en donner les moyens.

Des écoles Montessori existent en Europe depuis de nombreuses années, aussi bien pour les enfants arriérés que pour les enfants normaux. A présent, il en existe aussi aux États-Unis, qui aident les enfants normaux qui n'ont pas atteint l'âge scolaire à développer leurs possibilités. Le programme en est vaste et les enfants qui le suivent dès l'âge de trois ans peuvent, dans la majorité des cas, lire des mots à l'âge de quatre ans.

La plus ancienne école Montessori des États-Unis est la *Whitby School* de Greenwich, dans le Connecticut. On y voit un groupe d'enfants charmants, heureux, bien adaptés, qui apprennent à lire et à exécuter de petites tâches, considérées, jusqu'ici, comme au-dessus de leur âge.

Un an après qu'on eût adopté, à l'Institut, le programme de lecture, 231 enfants atteints de lésions cérébrales apprenaient à lire. Sur ce nombre, 143 avaient moins de six ans. Les autres, qui avaient six ans et plus, ne savaient pas lire avant la mise en application du programme.

Ces enfants, aux prises avec des problèmes physiques aussi bien qu'avec des problèmes d'élocution, venaient se présenter tous les deux mois à l'Institut. A chaque visite, on mesurait leur développement neurologique (y compris leur aptitude à lire). Puis on exposait aux parents l'étape suivante, comme on le verra plus loin, et on les renvoyait chez eux, où ils poursuivaient le programme.

Au bout d'une période qui variait de deux à dix mois

(une à cinq visites), tous ces enfants pouvaient lire quelque chose; parfois quelques lettres, parfois des livres entiers. De nombreux bambins de trois ans lisaient avec une totale compréhension.

Comme nous l'avons déjà dit, ce qui précède ne prouve pas que les enfants atteints de lésions cérébrales soient supérieurs aux enfants bien portants, mais simplement que les enfants bien portants n'exploitent pas comme ils le devraient leurs possibilités.

Dans les chiffres cités ne figurent pas les centaines d'enfants qui, bien qu'exempts de toute lésion cérébrale, échouent cependant en classe et viennent à l'Institut parce qu'ils ne parviennent pas à lire. Ni les enfants normaux de deux et trois ans auxquels leurs parents apprennent à lire sous notre direction.

Comme nous l'avons vu, le Dr Moore, à l'Université Yale, apprend à lire aux tout petits.

Il en va de même dans les écoles Montessori.

Et à l'Institut de Philadelphie.

Il est fort possible que d'autres groupements, dont l'auteur ignore l'existence, se consacrent à la même tâche, en usant d'une méthode définie. La publication de ce livre devrait permettre de découvrir l'action de ces groupements, dans ce domaine d'une si haute importance.

On peut dire que, dans tous les coins des États-Unis, de tout petits enfants apprennent à lire, même sans l'aide de leurs parents. En conséquence, il va falloir prendre certaines décisions.

En premier lieu, il nous faut décider si, oui ou non, nous *voulons* que les enfants de deux ou trois ans sachent lire.
Si nous ne le *voulons pas,* deux précautions s'imposent :

1 – Il faut nous débarrasser des postes de télévision ou, du moins, interdire que l'on montre des mots à l'écran.
2 – Il faut ne jamais lire aux enfants les en-têtes des journaux et les noms des produits.

D'autre part, si nous ne voulons pas prendre cette peine, on peut adopter la solution de facilité et les laisser lire.
En ce cas, il faudrait, à n'en pas douter, veiller sur leurs lectures.
A notre avis, le mieux serait de leur apprendre à lire chez eux, avec l'aide de leurs parents, plutôt que par la télévision. C'est chose facile et les parents y prennent presque autant de plaisir que les enfants.
Quant à savoir si les petits enfants apprennent ou non à lire, ce n'est pas une théorie qui prête à discussion : c'est un fait. La seule question qui se pose est celle-ci : qu'allons-nous faire à ce sujet?

5

Les tout petits enfants doivent apprendre à lire

« Savez-vous que, dans tout travail, le commencement est l'essentiel, surtout pour un être jeune et tendre? Car c'est alors qu'il se façonne le mieux et reçoit l'empreinte dont on désire le marquer. »

Platon.

Herbert Spencer a dit que le cerveau, pas plus que l'estomac, ne doit rester sur sa faim. L'éducation devrait commencer au berceau, mais dans une ambiance attrayante. Ceux auxquels les connaissances viennent sous forme de devoirs mornes, assortis de menaces de punition, ont peu de chances de continuer à étudier dans l'avenir; en revanche, ceux auxquels les connaissances viennent sous une forme naturelle, au moment adéquat, ont toutes les chances de continuer, leur vie durant, cette étude commencée à l'âge le plus tendre.

Nous avons déjà mentionné plusieurs enfants que leur mère avait fait travailler avec succès et qui, par la suite, se développèrent remarquablement, mais ce n'étaient pas là des exemples tirés d'ouvrages professionnels.

Examinons à présent les suites du cas de Millie (Martha), rapportées par Terman alors que l'enfant avait grandi. A douze ans et huit mois, Millie avait deux ans d'avance sur les enfants de son âge et terminait brillamment sa neuvième.

« Au cours de notre enquête de 1927-28, rapporte Terman, l'inspecteur demanda au professeur de Millie en quelle matière elle excellait. La réponse fut : " Millie lit très bien. " En bavardant avec l'inspecteur, Millie lui confia que " s'il n'y avait pas eu l'école, elle aurait aimé lire cinq livres par jour ". Elle reconnut aussi, avec simplicité et sans aucune pose, qu'elle lisait très vite et qu'elle avait même lu en huit jours les treize volumes de la *Real American Romance* de Markham. Son père, doutant qu'elle eût assimilé si rapidement tous ces livres, lui avait posé des questions auxquelles elle avait répondu de façon satisfaisante. »

Rien n'indique, conclut Terman, que le fait d'avoir appris à lire étant bébé ait causé le moindre mal à Millie, alors que tout vient appuyer l'idée que cette éducation précoce a favorisé, en partie du moins, ses grandes possibilités.

La moyenne de ses différents tests de Q.I. était au-dessus de 140; en outre, elle était robuste et pleine de vie et ne rencontrait aucune difficulté d'adaptation, malgré la différence d'âge qui la séparait de ses camarades.

Un Q.I. de 140 plaçait Millie dans la catégorie des « génies ».

De nombreuses études révèlent qu'un très grand nombre de génies et d'hommes supérieurs ont su lire longtemps avant d'aller à l'école. On a toujours supposé qu'ils avaient appris à lire aussi jeunes *parce qu'*ils étaient supérieurs. Scientifiquement, cette théorie se tenait parfaitement et nous l'avons toujours acceptée.

Cependant, à la lumière des multiples exemples ci-dessus, où l'on a vu des parents apprendre à lire à leurs bébés longtemps avant qu'il fût possible d'établir un test valable de leur intelligence et, par suite, avant qu'on n'eût aucune raison de supposer que ces enfants étaient particulièrement doués, il nous faut maintenant poser à ce sujet de nouvelles questions.

Après tout, ces enfants ne sont-ils pas devenus des hommes ou des femmes supérieurs *parce qu'*ils avaient appris très tôt à lire?

Le fait que tant d'hommes de génie ont su lire avant l'âge scolaire peut aussi bien étayer la première que la seconde théorie.

Il y a toutefois plus de preuves à l'appui de la seconde, qui, elle aussi, est parfaitement valable.

Supposer que nombre d'esprits supérieurs ont su lire tout jeunes *parce qu'*ils étaient géniaux, c'est s'appuyer essentiellement sur une base génétique, admettre qu'ils étaient supérieurs parce qu'ils étaient génétiquement pourvus de possibilités exceptionnelles.

Nous ne discuterons pas la théorie d'après laquelle il y a entre les hommes des différences génétiques; nous ne voulons pas non plus nous engager dans le vieux débat sur l'influence du milieu par rapport à l'hérédité; tel n'est pas le propos de ce livre.

Cependant, nous ne pouvons ignorer les preuves considérables qui viennent confirmer l'idée que le fait de lire très jeune influe fortement sur les capacités futures de l'enfant.

a – Dans de nombreux cas, on apprit à lire très tôt à des enfants que rien ne distinguait des autres et qui s'affirmèrent plus tard comme des êtres supérieurs. A la vérité, certains parents avaient même pris cette décision avant la naissance de l'enfant, dans le seul dessein, justement, de faire de lui un être supérieur.
b – On apprit ainsi fréquemment à lire à l'un des enfants d'une famille, qui se révéla plus tard un adulte brillant, tandis que ses frères et sœurs, qui n'avaient pas bénéficié de cet avantage, ne se distinguèrent en rien. Dans certaines familles, l'enfant ainsi favorisé fut l'aîné. Mais ce ne fut pas toujours le cas.
c – Dans le cas de Tommy Lunski (et il n'est pas unique), rien, certes, ne laissait prévoir chez l'enfant des dons héréditaires particuliers. Les parents n'ont, l'un et l'autre, qu'une instruction primaire et ne témoignent d'aucune intelligence particulière. Les frères et sœurs de Tommy sont des enfants moyens. Au reste, il faut se souvenir que Tommy était atteint de graves lésions cérébrales et qu'on avait conseillé à ses parents de le placer pour la vie dans une institution « d'arriérés incurables ». Il est hors de doute qu'aujourd'hui Tommy est un enfant extraordinaire, qui lit et qui comprend au moins aussi bien que la moyenne des enfants qui ont deux fois son âge.

Serait-il juste, scientifique ou même rationnel de parler de Tommy comme d'un enfant « doué »?
Thomas Edison disait que le génie comporte 10 pour cent d'inspiration et 90 pour cent de transpiration. (Il n'est pas sans intérêt de noter que Thomas Edison fut considéré comme un enfant « arriéré ».)

Nous avons déjà examiné assez longuement les six fonctions neurologiques qui sont l'apanage de l'être humain, et nous avons vu que trois de ces fonctions sont *réceptives,* alors que les trois autres sont *expressives*.
Il semble évident que l'intelligence de l'homme se limite aux connaissances qu'il peut acquérir par le canal des sens, la plus haute de ses capacités réceptives étant son aptitude à lire.
Il n'est pas moins évident que si ces trois fonctions réceptives étaient chez lui complètement annihilées, il tiendrait plus du végétal que de l'être humain.
Ainsi, son intelligence se trouve limitée par la somme de ces trois caractères : une façon de voir et d'entendre qui aboutit à la possibilité de lire et de comprendre le langage parlé; et une aptitude particulière qui lui permet, le cas échéant, de lire par le toucher.
Détruisez ces trois capacités réceptives et vous détruirez l'essentiel de ce qui différencie l'homme de l'animal.
Limitez ces trois capacités, et vous limiterez du même coup son intelligence.
Si aucune de ces trois facultés n'est très développée, nous aurons un esprit borné.

Si l'une d'elles est plus développée que les autres, l'homme ou la femme exercera, dans ce domaine, le maximum de ses aptitudes, *pourvu qu'on lui ait donné toutes les chances d'acquérir des connaissances grâce à cette faculté*.

Nul ne s'élèvera au-dessus de sa plus haute capacité réceptive, ajoutée aux chances qu'on lui aura données de s'en servir.

L'inverse, bien entendu, est également vrai. Si, chez une seule et même personne, les trois capacités sont faibles, son comportement sera, lui aussi, d'un niveau très bas, au-dessous de la normale.

Imaginons une situation dans laquelle l'homme, soudain, perdrait son aptitude à lire et à entendre le langage : il faudrait enseigner à la nouvelle génération quelque autre moyen de communiquer. Il est évident que l'on choisirait le sens du toucher, comme le fit le premier professeur d'Helen Keller; celle-ci, en effet, aveugle et sourde, ne pouvait ni parler, ni lire, ni écrire. Si l'aptitude d'Helen Keller à capter le langage par le toucher avait été très faible, elle aurait vécu comme un animal. Si son sens du toucher avait été inexistant, elle aurait mené une vie végétative.

Quand, chez l'homme, ces capacités s'accroissent, son efficacité grandit de même.

A n'en pas douter, les enfants atteints de lésions cérébrales auxquels on a appris très tôt à lire manifestent de plus grandes possibilités que ceux auxquels on n'a pas donné cette chance. De même pour les enfants normaux. Il se peut qu'il y ait des imbéciles qui comprennent un langage limité, mais il n'y a pas de génie qui *ne puisse* comprendre le langage – pas dans notre culture, en tout cas.

Bien entendu, il ne faut pas oublier que l'intelligence ne peut être considérée qu'en rapport avec la culture à laquelle elle appartient. Imaginons un aborigène australien, adulte, normal, transplanté à New York et y subissant un test de capacité mentale : d'après nos normes, on le trouverait complètement idiot.

En revanche, un Américain transplanté dans une tribu australienne serait perdu dans ce contexte social et n'y survivrait peut-être pas, à moins que les indigènes ne prennent soin de lui, un peu comme nous prenons soin de nos idiots. Manifestement, « l'idiot » américain serait incapable de se procurer de la nourriture avec un boomerang, incapable d'attraper des lézards et de les manger tout crus, incapable de trouver de l'eau, et, en particulier, incapable de comprendre ce qui se dirait autour de lui – du moins pour un temps.

Le langage est l'instrument le plus important qui soit à la disposition de l'homme. L'homme ne peut concevoir aucune idée dont la complexité dépasse celle du langage dont il dispose pour la formuler. S'il a besoin de mots nouveaux, il lui faut les inventer pour pouvoir concevoir et exprimer sa nouvelle idée.

Cela, on le constate aisément dans notre société technique, où il faut, tous les dix ans, inventer des milliers de mots pour décrire nos activités nouvelles. Au cours de la Seconde Guerre mondiale, la 5ᵉ armée de l'air initia un groupe d'Indiens américains à la technique de

la radio et les affecta à des unités du Pacifique. Comme peu de Japonais connaissaient le Choctaw ou le Sioux, on espérait ainsi gagner un temps précieux, en n'ayant pas à coder les messages.
Peine perdue. Il n'existait aucun mot, dans les langues indiennes, pour décrire un chasseur-bombardier, un avion porte-torpilles, un avion de transport, une pompe à carburant, etc.

Pratiquement, tous les tests de capacité mentale appliqués aux êtres humains sont fondés sur leur aptitude à comprendre le langage écrit ou le langage parlé.
Si l'aptitude à lire est réduite ou nulle, il ne fait pas de doute que l'aptitude à exprimer l'intelligence est aussi fortement diminuée.
Les peuplades qui ne possèdent pas de langage écrit, ou dont le langage écrit est rudimentaire, ne sont pas seulement incultes : leur niveau d'intelligence est très bas.
Les bébés esquimaux, qui sont enveloppés de fourrures et attachés sur le dos de leur mère, n'ont pour ainsi dire aucune occasion de ramper ni de se traîner avant l'âge de trois ans. Ce fait est du plus haut intérêt, si l'on songe que la culture esquimaude est restée pratiquement inchangée depuis trois mille ans. L'Esquimau n'a *aucun* langage écrit et sa langue est des plus sommaires.
La question de savoir si les autochtones australiens ne lisent pas parce qu'ils sont d'une intelligence inférieure,

ou s'ils sont d'une intelligence inférieure parce qu'ils ne lisent pas, est purement académique.

Le manque de lecture et le manque d'intelligence vont de pair, chez les individus comme dans les nations.

Le langage est un instrument vital. On ne peut songer à entretenir une conversation compliquée ou à exprimer une pensée complexe dans la langue d'une tribu amazonienne, quand bien même on le parlerait couramment.

On ne peut exprimer son intelligence qu'en fonction de la souplesse du langage utilisé.

Il n'existe pas de véritable test de Q.I. pour les enfants de moins de deux ans et demi. On peut commencer, à cet âge, à les soumettre au test de Stanford-Binet et obtenir des résultats qui se révéleront le plus souvent valables. Cependant, à mesure que l'enfant apprend à parler, les tests deviennent de plus en plus précis. Par la suite, on pourra utiliser, par exemple, celui du Wechsler-Bellevue.

Naturellement, l'habileté à s'exprimer qu'on exige d'un enfant, dans un test de Q.I., augmente d'année en année. Il est donc clair que si cette habileté est plus grande chez un enfant que dans la moyenne des cas, il sera considéré comme plus intelligent.

Tommy Lunski fut classé, à l'âge de deux ans, parmi les idiots irrécupérables, *essentiellement parce qu'il ne pouvait parler* (ni, par suite, manifester son intelligence), alors qu'à cinq ans il fut considéré comme un enfant supérieur *parce qu'il lisait remarquablement.*

Il est absolument clair que l'évaluation de l'intelligence est liée à l'aptitude à lire très jeune. En fin de compte, il

importe peu que l'habileté du langage soit un test valable pour apprécier l'intelligence elle-même – c'est sur ce test qu'on la juge.
Plus tôt un enfant lira, mieux il lira.
Voici donc quelques-unes des raisons pour lesquelles les enfants doivent apprendre à lire tout petits :

a – L'activité intense de l'enfant de deux ou trois ans est, de fait, la conséquence de sa soif infinie de connaissances. Si on lui donne l'occasion d'étancher cette soif, ne serait-ce qu'une partie du temps, il sera beaucoup moins agité, plus facile à protéger et plus capable, en se déplaçant, de se renseigner sur le monde qui l'entoure.
b – La capacité d'assimilation de l'enfant de deux ou trois ans ne se retrouvera jamais plus.
c – Il est infiniment plus facile d'apprendre à lire à un enfant de cet âge qu'au même enfant à tout âge postérieur.
d – Les enfants ayant appris à lire à cet âge enregistrent beaucoup plus de connaissances que ceux dont on a contrecarré les premières tentatives.
e – Ils sont également susceptibles de posséder une meilleure faculté de compréhension. Il est intéressant d'écouter lire un gamin de trois ans, qui donne aux phrases leur sens et leur intonation, et de le comparer à la moyenne des enfants de sept ans, qui ânonnent séparément chaque mot, sans saisir la phrase comme un tout.
f – Les enfants qui apprennent très jeunes à lire ont

tendance à lire beaucoup plus vite que les autres et avec plus de compréhension. Cela, parce que la lecture ne leur inspire pas la même crainte mystérieuse et qu'ils ne la considèrent pas comme une « matière » pleine d'abstractions effrayantes. Pour eux, ce n'est jamais qu'une chose fascinante, dans un monde qui fourmille de choses fascinantes. Ils ne s'arrêtent pas aux détails, mais abordent la lecture dans un sens totalement fonctionnel. Et ils sont dans le vrai.

g – Dernière raison, et non des moindres : les tout petits adorent apprendre à lire.

6

Qui rencontre des difficultés, celui qui lit ou celui qui ne lit pas?

« Nombre de ces enfants sont généralement considérés comme doués; mais, là où les comptes rendus sont suffisants, on s'aperçoit que tous ceux qui ont lu précocement ont été stimulés au départ. En conséquence, déclarer qu'un enfant est doué ne dispense en rien de le stimuler... si l'on veut qu'il apprenne. »
William Fowler, *Cognitive Wearning in Infancy and Early Childhood.*

La tentation était grande d'intituler ce chapitre « Il va se produire quelque chose d'affreux », puisqu'il traite des sombres prédictions qui ont été émises au sujet des enfants qui savent lire trop tôt. On aurait également pu l'intituler : « Personne n'écoute les mères », ce qui est, au moins en partie, la raison pour laquelle tant de mythes ont pris naissance à propos des jeunes enfants.
Il y a notamment le mythe selon lequel seuls les spécialistes comprennent les enfants. Parmi les innombrables spécialistes qui s'occupent de la question, il y en a trop qui affirment que les mères :

a – ne connaissent pas grand-chose aux enfants;
b – manquent totalement d'exactitude dans leurs observations;
c – mentent terriblement au sujet des capacités de leurs enfants.

A en juger par notre expérience personnelle, rien ne saurait être plus éloigné de la vérité.
Certes, il nous est arrivé de voir des mères raconter des histoires extravagantes concernant leurs enfants, que visiblement elles ne comprenaient pas; mais, selon nous, ces cas sont rares. Au contraire, nous nous sommes rendu compte que beaucoup de mères observent leurs enfants avec attention, en faisant preuve de jugement et même d'un réalisme inflexible.
L'ennui, c'est qu'on écoute rarement ce qu'elles disent.
A l'Institut, nous voyons chaque année plus d'un millier d'enfants cérébralement atteints. Il est peu de chose qu'une mère craigne davantage que d'avoir un enfant diminué. Et si elle soupçonne le fait, elle veut s'en assurer le plus vite possible, afin d'aviser immédiatement à ce qu'on peut faire.
A l'Institut, dans plus de neuf cents cas sur mille, c'est la mère qui, la première, s'aperçoit que *quelque chose* cloche chez son enfant. Le plus souvent, elle a la plus grande peine à convaincre son entourage – y compris le médecin de famille.
Chacun a beau s'efforcer de la faire changer d'idée, elle tient bon, jusqu'à ce qu'elle ait fait reconnaître la situation. Parfois, il lui faut des années. Plus elle aime

son bébé, plus elle s'efforce d'être objective. Elle ne connaîtra pas de repos avant que ne soit résolu le problème que pose son enfant.

A l'Institut, nous avons appris à écouter les mères. Pourtant, lorsqu'il s'agit d'enfants bien portants, de nombreux spécialistes ont réussi à les intimider complètement. Ils sont fréquemment parvenus à leur faire employer comme des perroquets un jargon professionnel qu'elles ne comprennent pas. Pire encore, ils ont presque émoussé les réactions instinctives de ces mères, en les convainquant que l'instinct maternel les trompe.

En persévérant dans cette voie, nous courons un risque grave : amener les mères à considérer leurs bébés, non comme des enfants, mais comme des petits paquets d'étranges impulsions égoïstes, comme des organismes effrayants par les symboles qu'ils incarnent et qu'une mère inexpérimentée ne saurait comprendre.

Sottises que tout cela! D'après notre expérience, on ne peut trouver encore mieux qu'une mère.

Jamais on n'a fait avaler aux mères plus de mythes, jamais on ne les a poussées à contrarier davantage leur instinct maternel que dans le domaine de l'instruction des tout petits.

Aujourd'hui, beaucoup d'entre elles, à force de s'entendre répéter les mêmes choses, en sont venues à les croire vraies. Nous allons examiner sérieusement ces assertions courantes, dont toutes tiennent plus ou moins du mythe.

1 — *Le Mythe :* Les enfants qui lisent trop tôt auront peine à apprendre, le moment venu.

La Réalité : Chez aucun des enfants que nous connaissons personnellement, ni chez aucun de ceux dont nous avons lu l'histoire, nous n'avons trouvé confirmation de cette théorie. De fait, dans la majorité des cas, c'est exactement l'inverse qui se produit. Nous l'avons déjà noté. On a peine à comprendre pourquoi l'on s'étonne que les enfants apprennent difficilement à lire. Il n'y a là rien d'étonnant. L'étonnant, c'est que *qui que ce soit* puisse apprendre à lire à l'âge où l'assimilation facile et naturelle touche à sa fin.

2 — *Le Mythe :* Les enfants qui lisent de bonne heure deviendront des espèces de génies.

La Réalité : Allons donc, fabricants de mythes, mettons-nous d'accord ! Ceux qui lisent de bonne heure deviendront-ils des cancres ou des génies ? Il est réellement surprenant d'entendre si souvent la même personne se faire le champion du Mythe n° 1 et du Mythe n° 2. Le fait est que ni l'un ni l'autre ne sont vrais. Chez ceux qui ont appris tout jeunes à lire, nous avons trouvé des enfants heureux, bien adaptés, qui connaissent plus de joies que les autres. Nous ne prétendons pas que le fait de lire tout petit *résoudra* tous les problèmes qui se poseront à un enfant ; et, sans nul doute, vous en trouverez autour de vous qui ont su lire très jeunes et qui, pour d'autres raisons, sont des gosses déplaisants. Mais, d'après nos observations, ces enfants sont plus rares parmi les lecteurs précoces que parmi les autres. Vous pourrez trouver beaucoup, beaucoup d'enfants malheureux et mal adaptés,

parmi ceux qui ne savaient pas lire en entrant à l'école. Ils sont légion.
3 – *Le Mythe :* L'enfant qui lit trop jeune posera des problèmes en première année.
La Réalité : Il ne s'agit pas là tout à fait d'un mythe, car c'est en partie vrai. Au début, l'enfant posera des problèmes. Ces problèmes ne seront pas pour *lui,* mais pour l'institutrice. Comme les écoles ont pour but de faire du bien aux enfants, et non à l'institutrice, celle-ci devra s'imposer un petit effort. Chaque jour, des centaines d'entre elles y arrivent aisément. Ce sont celles, très rares, qui s'y refusent, qui sont en grande partie responsables d'un tel grief. Toute institutrice digne de ce nom peut s'occuper d'un enfant en avance, si elle lui consacre une toute petite fraction du temps que lui demandent les légions d'enfants qui ne savent pas lire. De fait, un professeur dont la classe ne contiendrait que des enfants sachant et aimant lire rencontrerait relativement peu de difficultés. Et cela résoudrait du même coup de nombreux problèmes qui se posent par la suite, puisque, dans toutes les classes, les professeurs perdent beaucoup de temps avec les enfants qui ont de la peine à lire.
Il est regrettable que les instituteurs de première année ne puissent surmonter aussi facilement toutes les difficultés qu'ils rencontrent (et il y en a des douzaines). Des centaines de maîtresses d'école, pour occuper l'enfant qui sait déjà lire, lui donnent des livres, pendant qu'elles s'efforcent de faire entrer l'alphabet dans la tête de ses camarades. Beaucoup vont plus loin, et lui demandent de faire la lecture à haute voix. Il trouve, en général, le

plus grand plaisir à faire montre de ses capacités, et les autres se défont de la timidité que leur inspire cette matière inquiétante.

Mais que faire au sujet des enseignants sans imagination? Voilà bien un problème, et un problème que connaissent *tous* les enfants des classes ainsi défavorisées. Il y a toutes les chances, alors, pour que l'enfant qui savait lire avant d'entrer à l'école soit le meilleur en seconde année. Cette première année ne lui était pas, de loin, aussi nécessaire qu'aux autres.

Ironie suprême, même l'école qui accepte le plus difficilement que les enfants apprennent à lire chez eux est extrêmement fière d'un enfant qui lit très bien en *seconde*.

Et même si tout cela n'était pas vrai, qui pourrait soutenir qu'il vaut mieux empêcher un enfant d'apprendre, afin de le maintenir au niveau de la moyenne?

4 – *Le Mythe :* L'enfant qui apprend trop jeune à lire s'ennuiera en première année.

La Réalité : C'est là une crainte que partagent la grande majorité des mères, et cette question est la plus sensée de toutes. Posons-la de façon plus précise : « L'enfant qui en sait *trop* ne s'ennuiera-t-il pas en première? »

La réponse est affirmative : si, il y a de grandes chances qu'il s'ennuie, *exactement comme presque tous les élèves de première*. Le lecteur a-t-il jamais connu des journées plus longues que celles qu'il a passées en classe de première? Certes, les écoles se sont beaucoup améliorées au cours des dernières années. Mais demandez à n'importe quel écolier combien une journée de classe lui paraît longue, comparée au samedi ou au dimanche. Sa réponse signifie-t-elle qu'il ne veut pas apprendre? Pas du tout! Mais quand les gamins de cinq ans tiennent des conversations de grandes personnes, peut-on vraiment espérer qu'ils se passionnent en lisant des phrases telles que : « Regarde l'automobile. C'est une belle automobile rouge »? Non seulement l'enfant de sept ans peut voir la jolie auto rouge, mais il peut vous en indiquer la marque, l'année, le modèle et sans doute la puissance. Pour peu que vous désiriez en savoir davantage, interrogez-le : à ce sujet, il en sait plus long que vous. Les enfants continueront bel et bien à s'ennuyer en classe aussi longtemps qu'on leur y donnera des textes qui ne les intéressent pas.

5 – *Le Mythe :* L'enfant qui apprend trop jeune à lire ignorera la phonétique.

La Réalité : Il l'ignorera peut-être, mais elle ne lui manquera pas.

Le Dr O.K. Moore, dont nous avons parlé plus haut et qui fait figure de pionnier en la matière, a toujours refusé de se laisser entraîner dans l'éternelle controverse qui oppose farouchement les champions de la méthode « audio-visuelle » à ceux de la méthode « phonique ». Pour lui, la discussion est stérile.

Actuellement, il n'existe pas de façon incontestablement idéale d'apprendre à lire à un tout petit. Il n'y a pas de méthode exclusive, pas plus que pour lui apprendre une langue par l'oreille. S'il a appris à comprendre et à parler une langue à peu près convenablement, c'est que la méthode était bonne.

Les moyens dont nous usons à l'Institut pour apprendre

à lire aux tout petits ne tiennent pas de la magie. Ce sont simplement des moyens clairs, méthodiques, organisés, fondés sur une étude du développement cérébral de l'enfant et sur l'expérience acquise auprès d'un grand nombre d'enfants, normaux ou diminués. Ces moyens constituent simplement *un* système, qui a le plus souvent donné de bons résultats.

S'il apprend à lire tout petit, votre enfant ignorera peut-être la phonétique. Mais ne faut-il pas s'en féliciter?

6 – *Le Mythe :* L'enfant qui lit trop jeune aura de la peine à lire.

La Réalité : Peut-être, mais le risque est beaucoup moins grand que s'il apprend à lire à l'âge habituel.

7 – *Le Mythe :* L'enfant qui lit trop jeune est frustré de sa précieuse enfance.

La Réalité : De tous les tabous dont on a entouré les enfants et la lecture, celui-ci est manifestement le plus inepte. Observons la vie une minute et abandonnons les contes de fées pour examiner les faits.

La moyenne des enfants de deux ou trois ans ont-ils la joie de savourer, à chaque minute du jour, ce qu'ils préfèrent à tout? Ce qu'un enfant préfère à tout, c'est travailler et jouer avec sa famille. Rien, absolument rien, ne se compare pour lui au plaisir d'attirer l'attention des siens.

Mais qui, dans notre société et à notre époque, a jamais eu pareille enfance? Les petits détails d'ordre pratique ne cessent d'intervenir. Qui va faire le ménage? La lessive? Le repassage? Qui va préparer le dîner? Qui va laver la vaisselle et s'occuper du ravitaillement? Dans

la plupart des foyers de notre connaissance, c'est maman.
Parfois, si maman est assez avisée, si maman est assez patiente, elle trouve le moyen de s'acquitter de certaines de ces tâches avec son bébé; par exemple, elle l'initie au jeu merveilleux de la vaisselle. Quand elle le peut, c'est une chose excellente.
Cependant, dans la majorité des cas, les mères ne sont pas en mesure de partager leurs travaux avec leurs enfants. Le résultat, c'est que la moyenne des enfants de deux ans passent la plus grande partie de leur temps à hurler d'angoisse dans leur parc. Leur mère, tout simplement, a dû les mettre là pour éviter qu'ils ne s'électrocutent, qu'ils ne se fassent écraser, ou qu'ils ne tombent par la fenêtre pendant qu'elle est occupée.
Cette précieuse enfance dont nous parlons est-elle gâchée parce que l'enfant apprend à lire? Elle l'est, plus ou moins, dans presque tous les foyers que nous connaissons. Si tel n'est pas le cas *chez vous,* si vous êtes l'une de ces mères qui peuvent accorder, à chaque instant de la journée, leur attention à leur bébé, alors, ne vous inquiétez pas : il y a de grandes chances pour qu'il sache déjà lire. Vous ne pouvez passer vos journées à lui faire faire des pâtés.
Nous n'avons pas connu une seule mère, si occupée soit-elle, qui ne se fît un devoir de consacrer chaque jour un peu de temps à son bébé. La question est de savoir comment elle passera ce temps le plus utilement et le plus joyeusement possible. A coup sûr, aucune ne voudrait perdre une minute susceptible d'ajouter au

bonheur, aux aptitudes, aux talents créateurs de son enfant.

Nous qui avons passé notre vie au sein d'une organisation vouée au développement des enfants, nous sommes persuadés qu'il n'est rien de plus profitable ni de plus joyeux, pour une mère et pour son bébé, que de consacrer quelques minutes par jour à la lecture.

La joie qu'ils éprouvent l'un et l'autre, à mesure que l'enfant apprend le sens des mots, des phrases, des livres, n'a pas d'égale. C'est là un des grands accomplissements d'une enfance réellement précieuse.

Revenons, pour conclure, à Millie et à ses parents. Dans le compte rendu qu'il a publié, son père a trouvé la formule exacte : « Si l'esprit du bébé n'avait pas été occupé à apprendre à lire, il l'aurait été par quelque autre activité moins profitable. »

Mais la mère de Millie, exerçant sa prérogative féminine, eut le mot de la fin – le plus important : « Nous y prenons un tel plaisir que nous n'avons plus envie de voir d'autres gens. Ce qui, je le crains, est passablement égoïste de notre part. »

8 – *Le Mythe :* L'enfant qui lit trop jeune souffrira « d'une contrainte excessive ».

La Réalité : Si ce mythe signifie qu'il est possible d'exercer une contrainte excessive sur un enfant en lui apprenant à lire, alors il est certainement vrai. Il est également vrai que l'on peut exercer sur lui une contrainte excessive en lui apprenant n'importe quoi.

Exercer, pour quelque raison que ce soit, une contrainte sur un enfant est une sottise, que nous déconseillons vivement aux parents. Cela dit, la question qui se pose est celle-ci : donner à un enfant l'occasion d'apprendre à lire, cela est-il lié à une contrainte quelconque? Si le lecteur de ce livre désire suivre les conseils qu'il y trouvera, il doit savoir qu'il n'existe aucun rapport entre les deux concepts. A la vérité, non seulement nous conseillons aux parents de n'exercer *aucune* contrainte sur leurs enfants, mais nous insistons sur le point suivant : à moins que la mère *et* l'enfant ne soient dans la disposition d'esprit voulue, on ne devrait même pas *permettre* à l'enfant de lire.

Il existe sans doute bien d'autres mythes concernant les choses affreuses qui ne manqueront pas de se produire si l'on apprend à lire à un bébé. Mais, au cours de notre carrière, nous n'avons jamais relevé un seul résultat malheureux. Ces sombres prédictions sont dues à l'ignorance du processus du développement cérébral, dont la lecture devrait faire partie.

Ce qui nous amène à répéter l'une de nos thèses favorites : du point de vue neurologique, la lecture n'est pas du tout une matière scolaire; c'est une fonction cérébrale.

La lecture, au même titre que l'audition du langage, est une fonction cérébrale.

Quelle serait notre réaction si, en examinant les différentes matières enseignées dans une classe, nous y trouvions la géographie, l'orthographe, le civisme et l'audition? « Que vient donc faire l'audition là-dedans? » dirions-nous. « L'audition est une activité cérébrale, à

ne pas confondre avec les matières scolaires. »
Il en va de même de la lecture.
L'orthographe, en revanche, est bien une matière scolaire.
Un enfant peut lire à la perfection sans, pour autant, bien connaître l'orthographe. Ce sont deux choses totalement différentes. Comme nous l'avons dit, la lecture est une fonction cérébrale. L'orthographe est une matière traitant de certaines règles, établies par l'homme pour ordonner la lecture et l'écriture. Quand l'instituteur enseigne l'orthographe, il transmet une parcelle des connaissances accumulées par l'homme. Quand un enfant lit, son cerveau n'a pas conscience de la construction des mots : il interprète simplement la pensée exprimée par l'auteur.
Que le lecteur se pose deux questions :

1 – Peut-il lire des mots qu'il est incapable d'épeler? Bien sûr que oui – souvent.
2 – Peut-il épeler des mots qu'il est incapable de lire? Bien sûr que non. La lecture est une fonction cérébrale; l'orthographe, un ensemble de règles. Non seulement nous pouvons lire et comprendre des mots dont nous ignorons l'orthographe, mais nous pouvons même lire et comprendre des mots que nous ne pouvons prononcer. L'auteur a récemment entendu un professeur érudit, docteur en philosophie, mal prononcer le mot grec *épitomé*[1]. Il employait manifestement ce mot à bon

1. Abrégé.

escient depuis des années. Même s'il avait reçu une formation phonétique (ce qui était sans doute le cas), il l'aurait encore mal prononcé. Il l'avait simplement appris par la lecture, comme nous apprenons la grande majorité des quelque cent mille mots que comporte un vocabulaire honnête. Combien de ces mots avons-nous, en réalité, appris en classe? Un faible pourcentage. Nous arrivons à l'école en possession d'un vocabulaire prodigieux. On nous apprend à lire, au mieux, quelques milliers de mots, puis l'orthographe de quelques milliers d'autres. Le reste de notre vocabulaire, nous l'avons acquis nous-mêmes, en écoutant, en lisant, et, à l'occasion, en cherchant dans le dictionnaire.

Faut-il déduire de ce qui précède que nous sommes opposés à ce que les enfants apprennent l'orthographe? Bien sûr que non! L'orthographe est une matière tout indiquée pour l'école, et très importante.

Peut-être qu'un jour, plus tard, tout le monde comprendra que les jeunes enfants doivent apprendre à lire chez eux, comme ils apprennent la langue. Quelle bénédiction ce serait pour la mère, pour l'enfant, pour l'institutrice surmenée (qui pourrait alors consacrer son temps à transmettre à ses élèves le merveilleux trésor des connaissances humaines)! Et quelle bénédiction ce serait pour nos écoles, qui manquent de place, d'argent, de personnel enseignant!

Regardez autour de vous, voyez quels sont ceux qui, en classe, posent les *vrais* problèmes. Considérez les dix premiers et cherchez quel trait ils ont en commun. La

réponse saute aux yeux – ce sont ceux qui lisent le mieux.
Les enfants qui ne *savent pas lire* représentent le plus grand souci de l'enseignement américain.

7

Comment apprendre à lire à votre bébé

« Nous, les mères, sommes les potiers, et nos enfants, l'argile. »
Winifred Sackville Stoner *(Natural Education)*.

La plupart des manuels commencent par vous affirmer qu'à moins de les suivre à la lettre vous n'arriverez à rien.
En revanche, on peut dire que, si maladroitement que vous mettiez la lecture à la portée de votre bébé, il en apprendra davantage que si vous vous en étiez abstenu. Donc, voici un jeu auquel vous êtes à peu près sûre de gagner, même si vous jouez mal. Il faudrait être vraiment bien maladroit pour n'obtenir aucun résultat !
Cependant, plus habilement vous jouerez à ce jeu, plus vite votre enfant apprendra à lire. Si vous vous y prenez correctement, vous y trouverez l'un et l'autre un plaisir immense.
Il ne faut pas y consacrer plus d'une demi-heure par jour.

Rappelons les faits principaux, qu'il faut retenir avant d'aborder la méthode.

1 – L'enfant de moins de cinq ans peut assimiler une quantité énorme de connaissances.
2 – L'enfant de moins de cinq ans peut assimiler des connaissances à une vitesse remarquable.
3 – Plus un enfant apprend avant d'avoir cinq ans, plus il retiendra.
4 – L'enfant de moins de cinq ans possède une extraordinaire quantité d'énergie.
5 – L'enfant de moins de cinq ans a un très vif appétit d'apprendre.
6 – L'enfant de moins de cinq ans peut et veut apprendre à lire.
7 – L'enfant de moins de cinq ans apprend une langue. Il peut en apprendre presque autant qu'il en entend parler. Il peut apprendre à lire une langue ou plusieurs tout aussi facilement qu'il comprend le langage parlé.

À QUEL ÂGE COMMENCER ?

Question passionnante : à quel moment un enfant est-il prêt à apprendre quelque chose?
Un jour, une mère demanda à un spécialiste renommé à quel âge elle devait commencer l'éducation de son enfant.
– Quand doit-il naître? demanda-t-il.
– Mais il a cinq ans, répondit la mère.

– Madame, courez chez vous. Vous avez perdu les cinq meilleures années de sa vie, dit le spécialiste.
Au-delà de deux ans, il devient chaque année plus difficile d'apprendre à lire. Si votre enfant a cinq ans, ce sera plus facile que s'il en a six. A quatre ans, c'est mieux. A trois ans, mieux encore.
Deux ans est le meilleur âge pour commencer, si vous voulez y consacrer le moins de temps et d'énergie possible. (Pour peu que vous soyez disposée à vous donner un peu de peine, vous pouvez commencer à dix-huit mois, ou, si vous êtes très habile, dès l'âge de dix mois.)
Il y a deux points cardinaux dans cet enseignement :

a – Votre attitude et votre façon d'aborder le problème.
b – La taille et l'ordre des lettres et des mots.

1. *L'attitude de la mère.*

Apprendre, c'est la grande aventure de la vie. Apprendre est souhaitable, vital, inévitable; par-dessus tout, c'est le jeu le plus excitant de l'existence. L'enfant le croit et le croira toujours – à moins qu'on ne le persuade du contraire.
Avant tout, une règle fondamentale : la mère, comme l'enfant, doit aborder cet enseignement dans la joie, comme un jeu magnifique, qu'il est en réalité. Il faut toujours garder ce fait présent à l'esprit : c'est un jeu – non un travail. Apprendre est une récompense et non

une punition. C'est un plaisir et non une tâche fastidieuse. Un privilège et non un sacrifice.
La mère doit s'en souvenir, elle ne doit jamais faire quoi que ce soit qui puisse détruire chez l'enfant cette conviction naturelle.
Seuls, les enfants sages devraient avoir la permission de jouer à la lecture; les autres, il faudrait la leur interdire. Ainsi, si l'enfant n'a pas été sage, la mère ne doit pas déclarer qu'il est un gentil petit garçon et qu'il peut jouer à ce jeu, simplement parce qu'elle a envie qu'il y joue. Pas un instant, l'enfant ne sera dupe. Il sait qu'il a été méchant, et il pourrait en conclure que la lecture est une punition plutôt qu'une récompense. Si l'enfant fait des caprices trois jours durant, trois jours durant il faut tout simplement supprimer la lecture.
Second point important, il faut que la durée du jeu soit très courte. Au début, on peut y jouer jusqu'à cinq fois par jour, mais chaque séance ne doit pas excéder quelques minutes.
Pour décider de l'instant où il faut s'interrompre, la mère doit faire preuve d'une grande perspicacité. Elle doit savoir ce que pense l'enfant un peu avant qu'il ne le sache lui-même et mettre fin à la séance *bien avant* qu'il ne désire s'arrêter.
Si elle observe fidèlement cette règle, l'enfant la suppliera de jouer à la lecture, et elle développera, au lieu de le décourager, son désir naturel d'apprendre.
En résumé, la mère ne devrait jamais oublier deux choses :

1 – Apprendre est le plus grand des amusements.
2 – Les séances doivent toujours prendre fin *avant* que l'enfant ne désire s'arrêter.

2. *Matériel adéquat.*

Le matériel qu'il convient d'utiliser pour apprendre à lire à votre bébé est extrêmement simple. Pour le choisir, il a fallu à une importante équipe de savants de longues années d'étude concernant le développement et le fonctionnement du cerveau. On a tenu compte du fait que la lecture est une fonction cérébrale, et pris en considération les possibilités et les limites du système visuel chez le tout petit enfant. Ainsi, le matériel est conçu de manière à répondre aux besoins du bébé, de la vision rudimentaire à la vision complexe, et de la fonction cérébrale au phénomène d'assimilation.

Comme matière de base, il faut toujours prendre du carton blanc, assez raide pour résister au traitement sans douceur qu'il subira.

Il faut écrire les mots choisis à l'encre de Chine, soit avec un stylo à bille, soit avec un stylo japonais à pointe de feutre.

Les caractères doivent être nets et clairs, à la manière d'un titre qui saute aux yeux.

Il faut garder une marge de 12 millimètres au moins tout autour des différentes cartes.

Le matériel doit comporter les éléments suivants :

1 – Les mots *maman* et *papa* sur des cartes séparées, de 15 centimètres de haut sur 60 centimètres de large. Les lettres doivent mesurer 12 centimètres sur 10, avec un espacement de 12 millimètres environ; elles doivent être rouges et dessinées en bas de casse (minuscules).

2 – Les vingt mots de base du « moi » (énumérés dans « le *Second Pas* », p. 124), sur des cartes blanches de 12 cm 1/2 de haut, large d'environ 60 centimètres, en bas de casse rouges de 10 centimètres de haut.

3 – Les mots de base de l'univers immédiat de l'enfant (énumérés dans « le *Troisième Pas* », p. 128), sur des cartes blanches de 7 cm 1/2 de haut, en bas de casse rouges de 5 centimètres.

4 – Le vocabulaire de l'articulation des phrases : cartes de 7 cm 1/2 de haut, portant chacune un mot en bas de casse de 5 centimètres (p. 134).

5 – Le vocabulaire de phrases construites : cartes où les mots sont écrits en bas de casse de 2 cm 1/2. Ces cartes sont perforées et assemblées en livre, au moyen d'anneaux pour feuilles volantes. Elles doivent donc être assez grandes pour contenir le texte de chaque page (p. 138).

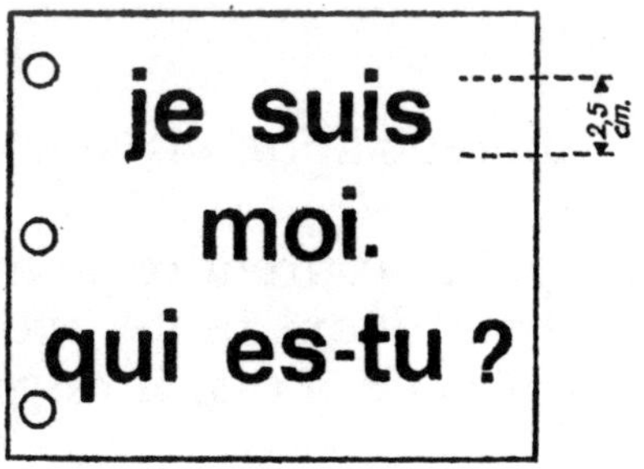

6 – Un livre usant d'un vocabulaire limité, imprimé en hauts de casse et en bas de casse de 6 millimètres (p. 140).
7 – L'alphabet, sur des cartes de 10 centimètres sur 10,

portant des hauts de casse et des bas de casse noirs de 7 cm 1/2 (p. 141).

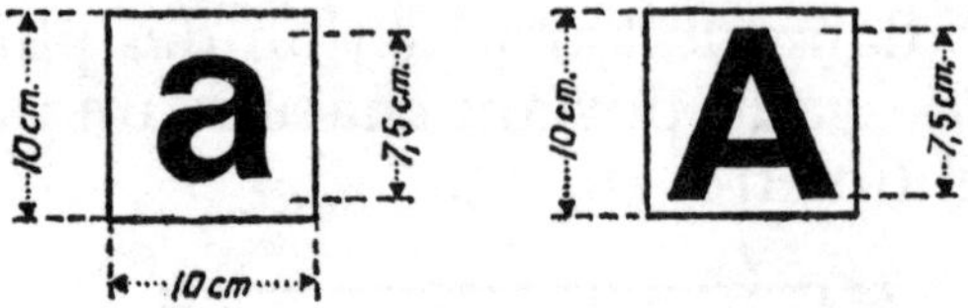

On commence donc avec de grands bas de casse rouges, pour arriver progressivement à des bas de casse noirs, de dimensions normales. Cela, afin de permettre au système visuel de l'enfant de se former, et de se familiariser peu à peu avec les mots qu'on lui présente.
On commence par de grandes lettres, pour la raison très simple qu'on les voit mieux. De même, on choisit le rouge parce que le rouge attire les tout petits enfants.

LE PREMIER PAS (Différenciation visuelle).

Le premier pas, pour apprendre à lire à un enfant, consiste à employer deux mots seulement. Quand l'enfant a appris ces deux mots, il est prêt à continuer, mais pas avant.
Au début, ne laissez pas l'enfant voir d'autres cartes que celle qui porte le mot *maman*.
Commencez à un moment de la journée où l'enfant est réceptif, reposé et de bonne humeur.

Choisissez une pièce qui offre le moins de distractions possible, à la fois à l'œil et à l'oreille; par exemple, ne faites pas marcher la radio et évitez les autres sources de bruit. Installez-vous dans un coin où il n'y ait pas trop de meubles, de tableaux ou d'objets pouvant attirer le regard de l'enfant.

Puis, levez simplement le mot *maman,* juste hors de sa portée, et dites-lui d'une voix claire : « Ceci veut dire " maman ". »

Ne donnez à l'enfant aucun détail supplémentaire. Ne le laissez pas regarder plus de dix secondes.

Ensuite, jouez avec lui, cajolez-le pendant une ou deux minutes; puis, une seconde fois, montrez-lui le mot. Laissez-le le regarder dix secondes, dites-lui de nouveau, une seule fois, d'une voix claire : « Ceci veut dire " maman ". »

Et jouez avec lui pendant deux minutes.

Une troisième fois, montrez-lui le mot pendant dix secondes en lui répétant que c'est « maman ».

Ne lui demandez pas ce que c'est.

La première séance est maintenant terminée. Vous y avez consacré un peu moins de cinq minutes.

Répétez-la cinq fois dans la journée, en vous y prenant exactement de la même façon. Il faut, entre les séances, au moins une demi-heure d'intervalle.

Le premier jour a pris fin et vous avez fait le premier pas. (Vous y avez passé, jusqu'ici, vingt-cinq minutes au plus.)

Le second jour, reprenez, par deux fois, la première séance.

Au moment de commencer la troisième, montrez le mot à l'enfant et demandez-lui très clairement : « Qu'est-ce que c'est que ça? »
Comptez lentement jusqu'à dix.
Si l'enfant répond « maman », il faut manifester votre joie par de grandes démonstrations. Dites à l'enfant qu'il est très sage et très intelligent. Dites-lui que vous êtes fière de lui. Dites-lui que vous l'aimez tendrement. Il est bon de le serrer dans vos bras, de lui manifester physiquement votre amour.
Surtout, ne le récompensez pas avec des biscuits ou des bonbons. Au rythme auquel il ne va pas tarder à apprendre, vous ne seriez bientôt plus en mesure de lui donner assez de bonbons, non seulement du point de vue financier, mais du point de vue santé. D'ailleurs, pour un tel exploit, les bonbons sont une pauvre récompense, en comparaison de l'amour et de l'admiration.
Dans le cas où l'enfant n'a pas répondu « maman » lorsque vous avez compté (mentalement) jusqu'à dix, il ne faut pas vous décourager. Et surtout, il faut bien faire attention de ne trahir, par votre voix, par votre attitude ou par votre expression, aucune déception. Il n'y a pas lieu d'être déçue : il ne fait que commencer. Dites-lui plutôt, d'une voix claire et joyeuse : « C'est “ maman ”, n'est-ce pas? »
Et continuez simplement à lui montrer le mot comme vous l'avez fait le premier jour, en ne lui posant la question qu'une fois par jour, à la *troisième* séance. Pour apprendre le mot *maman,* il peut lui falloir un jour ou une semaine. S'il ne l'a pas appris au bout d'une semaine (ce

qui est fort improbable), mettez le mot de côté et recommencez huit jours plus tard.

Il y a de fortes chances pour qu'il apprenne très vite. Quand il a appris le mot *maman,* montrez-le-lui encore cinq fois dans la journée, en l'interrogeant chaque fois. Et s'il répond correctement, manifestez toujours la même fierté joyeuse.

Quand vous êtes certaine qu'il connaît bien le mot *maman,* vous pouvez passer au mot suivant.

Abordez le mot *papa,* en vous y prenant exactement de la même façon et en y mettant le même soin que pour le mot *maman.* Quand vous êtes sûre qu'il le connaît, vous pouvez l'interroger, toujours de la même façon.

A présent, votre bébé connaît les mots *maman* et *papa. Il ne les a encore jamais vus simultanément.* C'est là un fait très important.

Lors de la séance suivante, la mère commence, comme d'habitude, par désigner le mot *maman* en demandant à l'enfant de l'identifier. Quand c'est chose faite, et tout en maintenant la carte devant lui, elle lève de l'autre main le mot *papa* qu'elle lui demande également d'identifier.

Ici, bien que les séances demeurent aussi courtes – cinq minutes au plus – le jeu change. La mère, à présent, a mis les deux mots devant l'enfant et lui demande de les désigner.

Quand elle s'est assurée que, non seulement il connaît *maman* et *papa,* mais surtout qu'il peut les différencier, le premier pas, le pas essentiel, est franchi.

Ne vous attardez pas trop longtemps sur les mots *maman* et *papa,* ou l'enfant s'ennuiera vite.
Un seul avertissement, si vous apprenez à lire à votre bébé : évitez l'ennui. *N'ennuyez jamais un enfant. En allant trop lentement, le risque est plus grand qu'en allant trop vite.* Souvenez-vous que cet enfant a l'esprit vif, qu'il peut apprendre, à cet âge, le portugais, par exemple. Alors, ne le lassez pas! Une fois qu'il connaît les mots *maman* et *papa,* rangez les cartes et songez au résultat merveilleux que vous venez d'obtenir. Votre enfant a surmonté la plus grande des difficultés qu'il lui faudra affronter pour apprendre à lire.
Il a réussi, avec votre aide, deux choses extraordinaires :

1 – Il a suffisamment entraîné sa vision et, qui plus est, son cerveau, pour différencier deux symboles écrits.
2 – Il a saisi l'une des abstractions les plus étonnantes avec lesquelles il sera aux prises au cours de sa vie : il peut lire des mots. Il ne lui restera à saisir qu'une seule abstraction plus grande – celle des lettres de l'alphabet.

Un mot sur l'alphabet. Pourquoi n'avons-nous pas commencé par enseigner l'alphabet à cet enfant? La réponse à cette question est des plus importantes.
C'est un des principes fondamentaux de tout enseignement qu'il faut commencer par le connu et le concret et avancer, en partant de là, vers l'inconnu et le nouveau, puis, en dernier lieu, vers l'abstrait.
Or, rien ne saurait être plus abstrait, pour un cerveau de cinq ans, que la lettre A. C'est tout à l'honneur du génie des enfants qu'ils l'aient apprise.

Il est évident que si l'enfant de cinq ans était à même de discuter raisonnablement, il aurait depuis longtemps éclairé les adultes à ce sujet. Quand on lui désigne la lettre *a,* il demanderait :

– Pourquoi est-ce un « a »?

Quelle réponse lui donnerions-nous?

– Eh bien, dirions-nous, c'est un « a » parce que... euh... enfin, parce qu'il fallait inventer ce symbole... pour exprimer le son « a », que nous avons aussi inventé pour...

Et ainsi de suite.

Finalement, la plupart d'entre nous ne manqueraient pas de s'écrier :

– C'est un « a » parce que je suis plus grand que toi, voilà tout!

Et cette raison en vaudrait peut-être bien une autre. Heureusement, nous n'avons pas à fournir aux enfants ces explications; car, s'ils ne peuvent comprendre historiquement pourquoi un « a » est un « a », ils savent effectivement que nous sommes plus grands qu'eux et cette raison leur paraît suffisante.

De toute façon, ils parviennent à apprendre ces vingt-six abstractions visuelles et, qui plus est, les vingt-six abstractions auditives qui leur correspondent. Ce qui n'aboutit pas à un total de cinquante-deux combinaisons possibles du son et de l'image, mais bien à six cent soixante-seize combinaisons abstraites.

Tout cela, ils l'apprennent, bien qu'on le leur enseigne à l'âge de cinq ou six ans, alors que cela leur est infiniment plus difficile.

Grâce à Dieu, nous sommes assez avisés pour ne pas faire commencer les étudiants en droit, en médecine ou en sciences par des abstractions aussi extravagantes, car, étant déjà adultes, ils n'y survivraient pas.

Ce que votre bébé a réussi lors de ce premier pas, *la différenciation visuelle,* est très important.

La lecture des lettres présente une grande difficulté, puisque personne n'a jamais mangé, attrapé, porté ni ouvert un *a.* On peut manger une *banane,* attraper une *balle,* porter une *chemise,* ouvrir un *livre.* Alors que les lettres qui forment le mot « balle » sont abstraites, la balle elle-même ne l'est pas et, par conséquent, il est plus facile d'apprendre le mot « balle » que la lettre *b.*

D'autre part, le mot « balle » diffère beaucoup plus du mot « nez » que la lettre *a* ne diffère de la lettre *b.*

De ces deux faits, il résulte que les mots sont beaucoup plus faciles à lire que les lettres.

Les lettres de l'alphabet *ne sont pas* plus les unités de la lecture et de l'écriture que les sons isolés ne sont celles de l'audition et de la parole. Ce sont les *mots* qui sont les unités du langage. Les lettres ne sont que les matériaux de construction des mots, tout comme l'argile, le bois et le roc sont ceux d'une maison. Ce sont les briques, les planches et les pierres qui constituent les vraies unités de construction d'une maison.

Beaucoup plus tard, quand l'enfant saura bien lire, nous lui apprendrons l'alphabet. A ce moment, il sera capable de comprendre pourquoi il était nécessaire à l'homme d'inventer un alphabet, et pourquoi nous avons besoin de lettres.

LE SECOND PAS (Le vocabulaire du « moi »).

Pour apprendre à lire des mots à un tout petit enfant, nous commençons par ceux qui se rapportent au « moi ». En effet, c'est son corps que l'enfant découvre en premier lieu. Son univers naît à l'intérieur et se développe progressivement vers l'extérieur. C'est là un fait depuis longtemps connu des pédagogues.
Il y a de nombreuses années, un pédagogue inspiré exprima par trois lettres magiques un concept qui fit beaucoup pour l'amélioration de l'éducation. Ces trois lettres étaient V.A.T. – visuel, auditif et tactile. Il fit observer que les enfants apprennent grâce à la combinaison de la vue (V), de l'audition (A) et du toucher (T).
Et pourtant, les mères ont toujours raconté, en jouant, des histoires telle que : « Ce petit cochon est allé au marché et ce petit cochon est resté à la maison... » Et, ce faisant, elles soulèvent les orteils de l'enfant pour qu'il puisse les voir, prononcent bien les mots pour qu'il les entende et lui serrent les orteils pour qu'il les sente.
Quoi qu'il en soit, nous commençons par les mots se rapportant au « moi ». Ils sont de plus petite taille que les deux premiers, mais encore très grands.
Comme pour les deux premiers, on les aborde un par un, en cachant les autres.
Là encore, il faut que l'enfant soit de bonne humeur et que le cadre où il se trouve lui offre le moins de distractions possible.

Le vocabulaire du « moi » comporte les vingt mots suivants, écrits chacun sur une carte blanche de 12 centimètres de haut, en bas de casse rouges de 10 centimètres.

main	nez	jambe	ventre	cheveux
pied		genou	bouche	oreille
tête		dents	lèvres	orteils
œil		coude	épaule	
bras		pouce	langue	
		doigt		

Nous commençons par le mot-image « main ».
La mère prend d'abord la main de l'enfant et dit d'une voix claire : « Ça, c'est la " main ". » Elle le laisse regarder sa main, puis elle répète le mot et lui serre la main.
Ensuite, elle lui présente le mot *main* en disant : « Ceci veut dire " main ". »
Après quoi, elle procède exactement comme pour les mots *maman* et *papa*.
Quand la mère est sûre que l'enfant connaît le mot *main,* et alors seulement, elle peut passer au mot suivant.
Comme précédemment, il ne faut laisser voir à l'enfant que les mots qu'il a appris, à l'exclusion des autres, faute de quoi il s'y perdrait. Ce dernier point est très important.
Dans ce groupe de cartes consacrées aux parties du corps, il y a 5 mots de quatre lettres. Il faut apprendre à l'enfant ces 5 mots *avant* de lui faire aborder les autres. Ainsi, on l'empêchera de les différencier par leur seule lon-

gueur, ce que, sans cela, il ne manquerait pas de faire. Commencez donc par les 5 mots de quatre lettres; puis passez au mot *nez,* qui est le seul à ne compter que trois lettres; puis aux 6 mots de cinq lettres. Ensuite, apprenez-lui les 5 mots de six lettres et, pour finir, les 3 mots de sept lettres.

Évitez de lui apprendre consécutivement deux mots commençant par la même lettre, comme « dents » et « doigt ». Ces mots étant de la même longueur, il arrive, en effet, qu'un enfant saute à la conclusion que *dents* est *doigt*. Les enfants qui ont déjà appris l'alphabet sont plus susceptibles que les autres de commettre cette erreur. La connaissance de l'alphabet provoque, chez les tout petits, de légères confusions. En enseignant le mot « bras », par exemple, des mères ont pu voir leurs enfants s'exclamer en reconnaissant leur vieil ami *b,* au lieu de lire le mot *bras*.

Chaque fois qu'un nouveau mot est venu s'ajouter aux autres, il faut repasser tous ceux qui l'ont précédé.

Encore une fois, il faut se souvenir de la règle suprême : ne jamais ennuyer l'enfant. S'il s'ennuie, c'est, selon toute probabilité, que vous allez trop lentement. En général, il apprend vite, et c'est lui qui vous presse de prolonger un peu le jeu.

Si vous vous y êtes bien pris, il devrait apprendre, en moyenne, un mot nouveau tous les deux jours. Il se peut même qu'il apprenne un mot par jour. Plus encore, peut-être. C'est à vous d'être assez habile et assez enthousiaste.

Quand votre enfant a appris les mots se rapportant au

« moi », le moment est venu de passer à l'étape suivante. Il a maintenant franchi *deux* des étapes les plus difficiles. S'il a réussi jusqu'ici, vous aurez bientôt de la peine à l'empêcher de lire.
Cependant, avant de passer à l'échelon suivant, il nous faut dire quelques mots de l'enfant d'un an qui apprend à lire, mais qui ne parle pas encore.
Si vous faites commencer votre bébé à un an ou avant, peut-être ne sait-il dire que « maman » et deux ou trois mots. Il est tout à fait possible de savoir lire avant de savoir parler. Nous avons connu plusieurs enfants qui lisaient nombre de mots qu'ils ne pouvaient prononcer.
Considérez les adultes; on peut affirmer qu'en règle générale un adulte lit beaucoup mieux une *nouvelle* langue qu'il ne la comprend par l'oreille. Souvenez-vous qu'un bébé peut apprendre une nouvelle langue.
Supposons que vous ayez décidé d'apprendre à lire à un enfant de onze mois. Il n'y a là rien d'absurde. Adoptez exactement la même méthode qu'avec un enfant qui parlerait déjà. Ce sera plus difficile – mais pour vous seulement, non pour l'enfant. L'obstacle, ici, consiste bien entendu à vérifier ses connaissances.
Il est évident que si l'enfant est incapable de prononcer le mot « main », vous ne pouvez l'interroger de la même manière qu'un enfant plus âgé. Dans ce cas, il faudra recourir à des moyens indirects et lui demander, par exemple : « Où est le mot " main "? » ou encore : « Donne-moi le mot " main ". »
Si elle est prête à faire ce petit effort supplémentaire, la

mère s'apercevra vite qu'il en valait la peine. A la vérité, en apprenant à lire à un bébé, on ne le retarde pas pour apprendre à parler; bien au contraire, on lui facilite cet effort en élargissant son vocabulaire. Le langage est le langage, qu'il soit transmis au cerveau par l'œil ou par l'oreille.

A l'Institut pour le Développement des Possibilités humaines, nous utilisons la lecture comme l'un des moyens les plus efficaces pour apprendre à parler aux enfants atteints de lésions cérébrales.

LE TROISIÈME PAS (Le vocabulaire de la « maison »).

Une fois que la mère s'est assurée que son bébé sait lire les mots se rapportant au « moi », elle peut aborder la troisième étape.

A présent, la mère et l'enfant devraient, l'un comme l'autre, trouver le plus grand plaisir à ce jeu de la lecture. Vous éveillez chez votre bébé un amour de l'étude qui ira croissant tout au long de sa vie. Plus exactement, vous renforcez chez lui une passion intérieure qu'on ne saurait éteindre, mais qu'il est certainement possible de détourner vers l'inutile ou même vers le nuisible. Jouez donc à ce jeu avec joie et avec enthousiasme.

Le troisième pas consiste simplement à ajouter de nouveaux mots à ceux que connaît déjà l'enfant; il s'agit maintenant des objets familiers qui l'entourent, tels que « chaise » ou « mur », par exemple.

Ces mots sont plus petits que ceux du « moi ». Ils sont

toujours écrits en bas de casse rouges, mais leur taille a diminué de moitié. Ils mesurent 5 centimètres, sur des cartes de 7 cm 1/2.
Il faut les enseigner à votre bébé au rythme approximatif d'un nouveau mot par jour. Le moment est venu, du reste, de parler de la cadence à laquelle chaque enfant, pris individuellement, devrait apprendre à lire, ou, tout aussi bien, apprendre quoi que ce soit.
Dans le *Saturday Review* du 11 mai 1963, John Ciardi a écrit qu'il faudrait nourrir un enfant de connaissances nouvelles « au rythme déterminé par son joyeux appétit ». Voilà, je crois, qui résume à merveille la situation. A cet égard, n'ayez pas peur de suivre votre enfant. Vous pourriez bien être étonné de la taille de son appétit et de l'allure à laquelle il apprend.

Le vocabulaire de la « maison » se divise, en réalité, en plusieurs groupes. Ces subdivisions se rapportent respectivement à la famille, aux objets, aux objets personnels et aux actes. Elles contiennent des mots comme ceux qui suivent (*maman* et *papa* étant, bien entendu, déjà connus, mais en plus gros caractères) :

A. *La Famille*

maman	papa	frère
sœur	chien	chat
poisson	oiseau	bébé

A cette liste, il faut soustraire ou ajouter certains mots, de manière qu'elle reflète la famille de l'enfant. Si, par exemple, celui-ci n'a pas de frère, de chat ni de poisson, ces mots ne doivent pas y figurer. Si, en revanche, il a une sœur, un chien et un oiseau, il faut les y laisser.

Sur des cartes séparées, inscrivez le nom de chaque membre de la famille, ainsi que le nom de l'enfant lui-même.

Pour les noms propres, qui commencent normalement par une majuscule, il faut respecter la règle. Il serait inutile, et même peu avisé, d'attirer l'attention de l'enfant sur cette majuscule. Il ne se posera pas de questions, à moins de connaître déjà l'alphabet. Dans ce cas seulement, expliquez-lui brièvement que les noms propres commencent par des majuscules.

De nouveau, il faut lui apprendre les mots un par un; mais, à chaque mot nouveau, désignez-lui la personne ou l'animal auquel il correspond.

Voici maintenant l'enfant en possession d'un vocabulaire de vingt-cinq à trente mots; désormais, il vaut mieux ne plus repasser tous les mots déjà appris : il s'en lasserait vite. *Les enfants adorent apprendre, mais ils n'aiment pas qu'on les interroge.* Les questions, invariablement, créent, chez la mère, une certaine tension que les enfants perçoivent aisément. Et ils ont tendance à associer cette tension déplaisante au fait qu'ils apprennent.

La mère doit donc exercer un contrôle en revoyant, au maximum, cinq mots avant chaque séance. Et ne jamais oublier, à chaque succès, de féliciter chaudement l'enfant.

B. *Objets* (appartenant à la famille)

chaise	table	porte
fenêtre	mur	chambre
salle de bains	cuisine	réfrigérateur
télévision		

Comme dans le cas précédent, il faut, au besoin, ajouter ou retrancher des mots à cette liste, pour qu'elle reflète bien le cadre familier de l'enfant.
Et, comme dans le cas précédent, la mère doit désigner les objets dont il apprend à lire les noms. Évidemment, il faut lui apprendre chaque mot nouveau dans la pièce où se trouve l'objet ou dans celle qui est nommée.

C. *Objets personnels* (appartenant à l'enfant lui-même)

assiette	cuiller
tasse	chapeau
chaussures	balle
orange	culotte
robe	pyjama

Même remarque que pour les listes précédentes. Celle-ci doit comporter, par exemple, les objets auxquels l'enfant tient le plus. De toute évidence, la liste varie quelque peu selon qu'il a dix-huit mois ou cinq ans, qu'il s'agit d'un garçon ou d'une fille. Le total peut, selon le désir de la mère et de l'enfant, varier de dix à cinquante mots.
Cela dit, la méthode d'enseignement demeure exactement la même.

La liste des mots déjà appris (dont le nombre s'élève maintenant à une cinquantaine) est entièrement composée de noms. En revanche, le groupe suivant reflète l'action et, par conséquent, comprend pour la première fois des verbes.

D. *Les actes*

s'assied	rampe
se lève	marche
court	saute
rit	jette
grimpe	lit

A chaque mot nouveau, la mère commence par expliquer l'acte en l'accomplissant elle-même; par exemple, elle saute en disant : « Maman saute. » Puis elle fait sauter l'enfant : « Pierrot saute. » Ensuite, elle lui montre le mot et elle ajoute : « Ce mot veut dire " saute ". » Et ainsi de suite jusqu'au bout de la liste. L'enfant prendra un plaisir particulier à ce jeu, qui englobe sa mère (ou son père) et lui-même, qui comporte de l'action et lui permet d'acquérir de nouvelles connaissances.

A présent, il sait lire plus de cinquante mots. Deux points sont à souligner avant de faire avancer d'un nouveau pas le jeune élève, pas qui marquera, au reste, le début de la fin.

Si la mère a entrepris d'apprendre à lire à l'enfant comme un simple plaisir (ce qui, idéalement, devrait être le cas) plutôt que comme un devoir ou comme une obligation (ce qui, en fin de compte, n'est pas une assez bonne raison), alors les séances quotidiennes doivent leur procurer à tous deux un grand amusement.

John Ciardi, dans l'article mentionné plus haut, écrit, à propos de l'enfant : « Si on l'aime (ce qui revient à dire : si les parents qui ont joué avec lui ont trouvé à ce jeu un réel plaisir). » C'est là une parfaite définition de l'amour : « jouer, et apprendre avec un enfant », définition qu'une mère ne devrait jamais oublier quand elle apprend à lire à son bébé.

Le second point dont elle devrait se souvenir, c'est que les enfants éprouvent à l'égard des mots, écrits ou prononcés, une immense curiosité. Lorsqu'un enfant, pour quelque raison que ce soit, manifeste de l'intérêt pour un mot, il est bon de le lui écrire et de l'ajouter à son vocabulaire. Par le seul fait qu'il s'en est lui-même informé, il apprendra très vite et très facilement ce mot.

Donc, si votre fils ou votre fille vous demande : « Maman, qu'est-ce qu'un rhinocéros? » ou : « Que veut dire microscopique? » répondez soigneusement à sa question, puis écrivez immédiatement le mot et ajoutez-le aux autres.

Il éprouvera une fierté et un plaisir particuliers à savoir lire des mots qu'il aura lui-même proposés.

LE QUATRIÈME PAS (Vocabulaire d'articulation des phrases).

On pourrait dresser un chimpanzé à s'asseoir chaque fois qu'on lui montre le mot « assis ». Cela ne prouverait pas pour autant qu'il saurait lire ce mot, mais seulement que la vue d'une configuration déterminée conditionnerait ses réflexes.

Toutefois, si l'on envoyait ce même chimpanzé à Yale, où l'on s'efforcerait de lui apprendre à lire, il ne serait pas capable, ni au bout de dix ans, ni jamais, de comprendre une phrase dans laquelle les mots se présenteraient dans un ordre qu'il n'aurait jamais vu.

Si nous ne comprenions que les phrases que nous avons déjà vues et apprises, nos lectures seraient en effet très limitées. Tout le plaisir que l'on éprouve à ouvrir un nouveau livre réside dans la perspective de découvrir des choses qu'on n'a pas encore lues. Identifier des mots et comprendre qu'ils représentent chacun un objet ou une idée, c'est gravir le premier échelon, quand on apprend à lire. Comprendre que ces mots, s'ils s'intègrent dans une phrase, peuvent exprimer une idée plus complexe, c'est faire un nouveau pas en avant, un pas essentiel.

Jusqu'ici, on n'a montré à l'enfant que des mots séparés. Comme on l'a vu, l'un des principes fondamentaux de l'enseignement consiste à aller du familier à l'inhabituel. Donc, cette fois encore, commençons par des mots séparés. Ceux-ci ont même une importance plus grande, car, bien que l'enfant ne le sache pas, ce sont eux qui, lors du Cinquième Pas, composeront des phrases – ces phrases mêmes qui, lors du Sixième Pas, composeront un livre.

La mère doit maintenant se procurer le livre dont elle se servira plus tard et d'après lequel elle établira les cartes nécessaires. Le choix de ce livre est très important, car il doit répondre aux conditions suivantes :

a – Il ne doit pas comporter un vocabulaire de plus de 150 mots.
b – Chaque page ne doit pas contenir plus de 15 ou 20 mots.
c – Les caractères ne doivent pas être de moins de 6 millimètres.
d – Le texte et les illustrations doivent être aussi distincts que possible.

Maintenant, le moment est venu de préparer les cartes pour le *Quatrième,* le *Cinquième* et le *Sixième Pas*.
La mère prend chaque page du livre qu'elle a choisi, et elle écrit tous les mots de cette page sur une seule carte; elle les écrit en bas de casse noirs de 2 cm 1/2. Ces cartes serviront lors du *Cinquième Pas.* Cela fait, elle aura donc autant de cartes qu'il y a de pages dans le livre. Toutes ces cartes doivent être de la même taille, même si elles ne portent pas toutes le même nombre de mots.
La mère prépare alors une carte de 7 cm 1/2 de haut, aussi large que l'exige le mot le plus long du texte *(Quatrième Pas).* Les lettres doivent être noires, en bas de casse de 5 centimètres. Bientôt, tout sera prêt pour les étapes suivantes.
Se guidant sur le livre, la mère prend séparément les mots de la première page du livre (qui sont maintenant écrits en lettres de 5 centimètres) et les enseigne à l'en-

fant, dans l'ordre où ils se suivent dans le texte. Elle use de la même méthode qu'elle a employée jusqu'ici, lui apprenant chaque mot séparément. Elle ne passe jamais à un mot nouveau avant qu'il n'ait bien assimilé le mot précédent. Ne faites pas de commentaires sur le fait que ces mots sont maintenant écrits en noir et non en rouge.

Il est également important de ne pas chercher à expliquer ou à définir les mots à l'enfant. Bien qu'il utilise correctement le mot « le » dans le langage courant et que, par conséquent, il le comprenne, il ne le considère pas en tant que mot isolé. Il est, bien entendu, essentiel qu'il l'*identifie* et le *lise* comme un mot séparé, mais il n'est pas nécessaire qu'il puisse le définir. De même, tous les enfants parlent correctement bien avant de connaître les règles de la grammaire. D'ailleurs, comment expliqueriez-vous la signification d'un article, même à un enfant de dix ans? N'essayez pas. Assurez-vous seulement qu'il sait le lire.

Supposons que la mère ait choisi le livre intitulé *Qui es-tu?* [1] La première page contient les mots : « Je suis moi. Qui es-tu? » Ces six mots devront donc figurer chacun sur une carte de 7 cm 1/2 de haut, en bas de casse noirs, de 5 centimètres.

La mère commence par le mot *Je* et l'enseigne à l'enfant selon la méthode habituelle, sans lui donner de définition. Une fois certaine qu'il peut l'identifier, elle passe au mot *suis,* puis au mot *moi.*

1. *Who Are You?* par Lindley Boyer.

Quand l'enfant connaît bien ces trois mots, le moment est venu de gravir un nouvel échelon – un échelon important : la lecture de plusieurs mots en relation les uns avec les autres.

La mère prend les trois mots et les place côte à côte, dans l'ordre voulu, sur le sol ou sur une table. Désignant alors le mot *Je,* elle demande :

– Quel est ce mot?

Si l'enfant répond correctement, elle désigne le second mot en répétant sa question. De même pour le troisième. Si l'enfant a répondu avec succès, elle manifeste alors bruyamment son enthousiasme devant cette réussite.

Puis elle dit lentement, d'une voix claire, en désignant chacun des mots :

– Ces trois mots ensemble veulent dire « Je suis moi ».

Et elle demande à l'enfant :

– Dis-moi encore une fois ce qu'ils signifient.

Quand l'enfant a répété les mots, elle le félicite de nouveau avec chaleur.

Pour le tout jeune enfant, lire plusieurs mots associés représente une véritable gageure. Il est important de lui faire franchir cette étape avec soin et dans la bonne humeur. Cela mérite tous nos efforts. Certains enfants y réussiront sans peine; pour d'autres, il faudra un peu plus de temps. Mais si vous êtes patient et si vous l'encouragez de vos applaudissements, l'enfant sortira victorieux de l'épreuve.

Cependant, il convient qu'il identifie bien les mots séparément, avant que vous ne les lui présentiez en groupe.

S'il est vrai que ce sont les mots, et non les lettres, qui forment les unités de base du langage, il est également vrai que les phrases ne constituent pas des unités de langage. Les phrases *sont* le langage. Il est impossible de comprendre une langue écrite ou parlée sans comprendre les mots de base qui la constituent; mais il est parfaitement possible de comprendre une langue sans pouvoir identifier les lettres ou les sons qui forment les mots. Votre enfant, en arrivant à ce stade du jeu, vient de vous en donner une preuve éclatante.

Cependant, un avertissement s'impose : ne lui apprenez pas à lire des phrases sans lui avoir d'abord appris à lire les mots qu'elles contiennent.

L'enfant est maintenant prêt à passer à la seconde phrase du livre choisi. Bien entendu, il n'a pas vu ce livre, et ne le verra pas de sitôt. Pour la seconde phrase, le procédé est le même que pour la première.

Et la mère continue... Elle apprend à l'enfant, séparément, tous les mots du texte, puis elle lui montre, ensemble et dans l'ordre voulu, tous les mots contenus dans chaque page, avant de passer à la page suivante.

Le temps que demande chaque page varie avec les enfants; il dépend aussi de la mère et du nombre de mots. Sans doute ne faudrait-il pas faire plus d'une page par jour.

Le livre *Qui es-tu?* contient un total de quarante mots différents, dont beaucoup étaient déjà familiers à l'enfant. Ainsi, dans le livre entier, il n'y a guère que trente mots qui soient nouveaux pour lui.

Pour savoir lire, il faut lire les mots séparément. Donc, avant de continuer, assurez-vous bien que le vôtre lit aussi bien les mots séparés que les phrases.

LE CINQUIÈME PAS (Phrases construites).

Cette étape est très facile, car, en un sens, elle est déjà franchie. C'est aussi une étape passionnante; en effet, lorsqu'elle s'achèvera, l'enfant aura bel et bien lu un livre. Un petit livre, certes, et un livre que vous aurez fabriqué vous-même, mais néanmoins un livre.
Dans celui que nous avons choisi, *Qui es-tu?* il y a vingt-sept pages contenant, selon les cas, un seul mot, plusieurs mots, une phrase ou deux phrases. En conséquence, nous aurons vingt-sept cartes, portant chacune les mots correspondant à une page du livre. En outre, ces cartes seront perforées près du bord, pour qu'on puisse les réunir par des anneaux.
A la vérité, toutes ces phrases, l'enfant les a déjà lues, mais les mots étaient alors écrits sur des cartes séparées, et en caractères deux fois plus grands.
C'est maintenant que l'on commence à s'amuser vraiment. Commençant par la première carte, la mère procède exactement comme elle l'a toujours fait. Elle devrait avancer à la cadence d'une carte par jour.
La première carte porte les mots : *Je suis moi. Qui es-tu?* La seconde carte : *Qui es-tu? Je voudrais bien le savoir*. La troisième : *Je veux le savoir, dis-le moi, s'il te plaît.* Et ainsi de suite jusqu'à la fin du livre.

Dressant la première carte, la mère lit lentement d'une voix claire :
– Je suis moi. Qui es-tu?
Puis elle demande à l'enfant ce que dit la carte en lui désignant les mots un par un. Quand elle est certaine qu'il a bien lu les mots, séparément et collectivement, elle doit de nouveau fêter l'événement. La mère explique à l'enfant qu'il vient de lire la première page de son premier livre et, en donnant à ses gestes toute la solennité voulue, elle enfile la carte sur les anneaux.
Ainsi, le livre va s'agrandir, au rythme approximatif d'une page par jour; et, si tout va bien, au bout de vingt-sept jours l'enfant aura un livre complet. Naturellement, si ce rythme se révèle trop rapide ou trop lent, il faut absolument le modifier.
A chaque nouvelle page, on relit les pages précédentes. La dernière page du livre devrait porter un certificat, signé par la mère, et attestant qu'à cette date et à cet âge l'enfant a achevé la lecture de son premier livre.
C'est là un véritable exploit.
Vous pouvez, à juste titre, être fiers l'un de l'autre – votre enfant et vous.

LE SIXIÈME PAS (Lecture d'un vrai livre).

A présent, l'enfant est prêt à lire un vrai livre. A la vérité, il l'a déjà fait par deux fois; la première, les mots étant portés sur des cartes séparées; la seconde, les phrases étant portées sur des feuilles mobiles. La seule chose qui diffère réellement, c'est que les mots et les phrases du livre qu'il connaît déjà se trouvent maintenant imprimés en majuscules et en minuscules noires, de 6 millimètres seulement.

Cependant, ces différences de dimensions des caractères, qui passent de 5 centimètres à 2 cm 1/2, puis à 6 millimètres, peuvent être très importantes si l'enfant est très jeune. Rappelez-vous qu'en lui apprenant à lire vous avez aidé son système visuel à se former et à se développer.

Dans le cas où vous iriez trop vite par rapport au développement de sa vision, vous en seriez aussitôt averti lors des *Quatrième, Cinquième* et *Sixième Pas.*

Comme les mots utilisés durant ces trois étapes sont rigoureusement les mêmes et ne diffèrent, d'une étape à l'autre, que par leurs dimensions, il vous sera facile d'en juger.

Par exemple, supposez qu'un enfant ait franchi avec succès le *Quatrième* et le *Cinquième Pas,* mais qu'il éprouve des difficultés à lire les mêmes mots dans le livre lui-même. La solution est simple. L'enfant lisant sans peine les caractères de 2 cm 1/2, la mère prépare alors des mots et des petites phrases supplémentaires en caractères de 2 cm 1/2. Choisissez des phrases simples, qui frappent l'imagination et que l'enfant aura plaisir à lire; puis, au bout de deux mois, revenez au livre.

Souvenez-vous que, si l'on imprimait trop petit, vous auriez, vous aussi, de la peine à lire.

Si l'enfant a trois ans au moment où vous abordez les caractères de 6 millimètres du livre, vous ne serez sans doute pas arrêtée. S'il a moins de deux ans, il y a de fortes chances que vous deviez fabriquer des cartes supplémentaires. Peu importe, il s'agit toujours de lecture et de vraie lecture. Elle contribuera à son développement cérébral.

A présent, demandez à l'enfant de vous lire le vrai livre – une page à la fois – et, devant sa réussite, ne cherchez pas à dissimuler votre joie. Il aura rarement, au cours de sa vie, l'occasion d'accomplir un acte plus important.

Que vous le croyiez ou non, votre enfant a lu un livre. Et si vous avez commencé assez tôt, si vous avez témoigné assez de bonne humeur, d'enthousiasme, de reconnaissance, il se peut qu'il n'ait pas encore atteint son troisième anniversaire.

LE SEPTIÈME PAS (L'alphabet).

Vous voilà maintenant un professeur accompli – vous avez appris à lire à un bébé – et, jusqu'à la publication du présent livre, rares sont ceux qui en ont fait autant.

A la réflexion, qui sommes-nous donc pour vous dire, à vous, comment on enseigne l'alphabet à un enfant? Usez de la méthode qui vous paraîtra la meilleure et apprenez-lui l'alphabet – majuscules et minuscules. A présent, ce sera beaucoup plus facile.

Il est, du reste, fort possible qu'il l'ait déjà appris en partie, ou même tout entier, sans aucune aide de votre part.

Il n'y a pas grand-chose à ajouter à ce chapitre, sinon, peut-être, un conseil. Vous allez maintenant lui acheter d'autres livres; efforcez-vous de les choisir en tenant compte des nécessités suivantes :

1 – Caractères assez grands.
2 – Texte qui ne soit pas entrecoupé d'illustrations.
3 – Étendue adéquate du vocabulaire.
4 – Intérêt du sujet.

Il faut commencer par ceux dont le vocabulaire est le plus simple.

Il y a trois niveaux de compréhension distincts, dans le processus qui consiste à apprendre à lire. Chaque fois que l'enfant atteint l'un d'eux, il témoigne d'une grande exubérance devant cette nouvelle et passionnante découverte. La joie qu'a dû connaître Christophe Colomb en découvrant un nouveau monde n'était sans doute pas plus grande.

Naturellement, le premier ravissement de l'enfant, il l'éprouve en découvrant que les mots ont une signification. Pour lui, c'est là comme un code dont il partage le secret avec les adultes. Il y prend un visible plaisir.

Puis il s'aperçoit que les mots qu'il lit peuvent être employés ensemble et sont, par là même, beaucoup plus que de simples étiquettes appliquées aux objets. C'est aussi une merveilleuse révélation.

Sa dernière découverte ne peut guère échapper à ses parents. C'est la plus grande de toutes. Soudain, il s'aperçoit que le livre qu'il est en train de lire représente plus que le simple amusement qui consiste à traduire en objets des noms secrets; plus, même, que celui qui consiste à transposer des séries de mots en commentaire sur les objets ou sur les gens. Soudain, pour son enchantement, un grand voile se déchire : le livre est, de fait, en train de lui parler, à lui et à lui seul.

Quand l'enfant en arrive à cette découverte (ce qui ne se produit pas nécessairement à son premier ou à son second livre), rien ne pourra plus l'arrêter. Il sera désormais un lecteur, dans tous les sens du terme. Il a compris que ces mots qu'il connaît, on peut les combiner autrement, pour exprimer des idées entièrement neuves. Il ne lui sera pas nécessaire d'apprendre une nouvelle série de mots chaque fois qu'il voudra lire quelque chose.

Quelle découverte! Il en connaîtra peu de semblables au cours de son existence. Ainsi, chaque fois qu'il le désirera, en ouvrant simplement un nouveau livre, il pourra désormais engager avec un adulte une nouvelle conversation...

Toutes les connaissances humaines sont à présent à sa disposition. Non seulement celles des gens qui l'entourent, mais aussi celles de personnes lointaines qu'il ne connaîtra jamais. Bien plus : des gens qui ont vécu il y a longtemps, en d'autres lieux et d'autres siècles, pourront s'adresser à lui.

Les hommes sont les seules créatures terrestres qui soient en mesure de modifier le cours de l'évolution. La plupart des espèces qui ont marqué le cheminement vers l'homme sont aujourd'hui éteintes. D'autres, bien

qu'ayant joué leur rôle, ont cependant survécu, destinées à piétiner sur place.
Ce pouvoir de diriger notre destin est né, comme nous le verrons, avec notre aptitude à écrire et à lire. C'est grâce à cette aptitude que l'homme a pu transmettre ses connaissances aux hommes des siècles futurs et des pays lointains. Les connaissances de l'homme peuvent s'accumuler.
Si l'homme est ce qu'il est, c'est essentiellement parce qu'il peut lire et écrire.
C'est en cela que réside la véritable importance de la découverte que vient de faire votre enfant. Il peut même, à sa façon, tenter de vous en parler, de peur qu'à vous, sa mère, elle n'échappe. Si tel est le cas, écoutez-le avec respect et avec amour. Ce qu'il a à dire est important.

8

Sur la joie

« Je ne pense pas que nous ayons vraiment
appris à nous connaître avant de jouer ensemble à ce jeu :
apprendre à lire. »

(Beaucoup, beaucoup de mères.)

Depuis des générations, les grands-parents conseillent à leurs fils et à leurs filles de « profiter de leurs enfants », car, disent-ils en guise d'avertissement, le temps viendra vite où ils auront grandi et où ils vous quitteront. Comme il en va souvent des conseils transmis de génération en génération, on n'y fait pas attention jusqu'à ce que la prédiction se soit réalisée. Alors, bien entendu, il est trop tard.

S'il est vrai que les parents d'enfants atteints de lésions cérébrales doivent faire face à de pénibles préoccupations (ce dont on ne saurait douter), il est également vrai qu'ils bénéficient de certains avantages, que connaissent rarement les parents d'enfants bien portants. L'un de ces avantages, et non des moindres, est l'intimité qui règne entre eux et leurs enfants. En raison de la nature

de cette maladie, c'est parfois une intimité lourde d'angoisse, mais elle n'en est pas moins précieuse.
Récemment, au cours d'une conférence que je faisais à des parents d'enfants normaux, j'ai déclaré, en passant : « Il y a une autre excellente raison d'apprendre à lire à votre bébé : c'est que, grâce aux relations étroites qui s'établiront entre lui et vous, vous connaîtrez l'une des joies que connaissent les parents d'enfants handicapés. »
Je ne m'aperçus pas tout de suite des regards intrigués qu'avait suscités cette remarque.
Certes, il n'est pas surprenant que l'on ignore, en général, que les parents d'enfants diminués ont aussi certaines consolations. Mais, chose surprenante, la grande majorité d'entre nous ont perdu le goût d'une intimité constante avec leurs enfants, intimité si importante pour leur avenir et, pour nous, si agréable.
Cette intimité, la pression de la société et de notre civilisation nous l'a si subrepticement dérobée que nous ne nous en sommes pas aperçus. Ou bien n'avons-nous pas conscience qu'elle ait jamais existé...
Mais elle a existé, et elle mérite qu'on la retrouve. Et l'un des meilleurs moyens d'y parvenir, c'est d'apprendre à lire à votre bébé.
Maintenant que vous savez comment vous y prendre, terminons par quelques conseils.
D'abord, ce qu'il ne faut pas faire.

N'ennuyez pas votre enfant.

C'est l'erreur la plus grave. Souvenez-vous qu'un enfant de deux ans est capable d'apprendre le portugais et le français en même temps que l'anglais. Alors, ne lui faites pas rabâcher éternellement la même chose. Il y a trois moyens faciles de l'ennuyer. Évitez-les comme la peste.

a – Vous l'ennuierez *si vous allez trop vite,* car il n'apprendra rien et il veut apprendre. (Ce risque est le moins grand, très peu de mères vont trop vite.)
b – Vous l'ennuierez *si vous allez trop lentement,* car il apprend à une vitesse étonnante. Nombre de mères, dans leur désir de s'assurer que leur enfant connaît bien les mots déjà appris, commettent cette faute.
c – Vous l'ennuierez en *l'interrogeant trop souvent.* C'est l'erreur la plus fréquente. Les enfants adorent apprendre, mais ils n'aiment pas qu'on les interroge. C'est la raison primordiale pour laquelle il faut les féliciter si chaleureusement lorsqu'ils donnent la réponse exacte.

Deux facteurs poussent les parents à multiplier ces interrogations. Le premier, c'est la fierté naturelle qu'ils éprouvent à montrer les talents de leur enfant aux voisins, aux cousins et aux grands-parents. Le second, c'est leur désir anxieux de s'assurer des connaissances du bambin. N'oubliez pas qu'il ne s'agit pas de lui faire passer des examens, mais simplement de lui donner l'occasion d'apprendre à lire. Il n'est pas nécessaire de prouver au monde qu'il en est capable – il s'en chargera lui-même par la suite. Vous seul avez besoin de vérifier ce qu'il sait et ce qu'il ne sait pas. Pour cela, fiez-vous à notre méthode. Elle fait appel au cœur autant qu'à la tête, et si l'un et l'autre agissent de concert, vous ne risquez pas de vous tromper.

Nous n'oublierons pas de sitôt les paroles d'un neurochirurgien et pédiatre éminent.

Il s'agissait d'un enfant de quinze ans, victime d'une lésion grave, paralysé, et incapable de parler. On avait diagnostiqué l'imbécillité. Le pédiatre était furieux.

– Regardez cet enfant, dit-il. On l'a décrété idiot simplement parce qu'il a l'air idiot, agit comme un idiot, et parce que les tests de laboratoire corroborent ce diagnostic. N'importe qui devrait se rendre compte qu'il n'est pas idiot.

Il y eut, parmi les internes, les infirmières et les médecins qui l'entouraient, un long silence embarrassé et même quelque peu effrayé. Finalement, l'un des médecins, plus hardi que les autres, demanda :

– Mais, Monsieur, si tout indique que cet enfant est idiot, comment savez-vous qu'il ne l'est pas?

– Juste ciel, répondit le chirurgien, regardez ses yeux, mon vieux! On n'a pas besoin d'avoir fait d'études spéciales pour y voir briller l'intelligence.

Un an plus tard, devant le même groupe de médecins, cet enfant marchait, parlait et lisait.

Il y a pour les parents, en dehors des questions habituelles, des moyens précis de déterminer les connaissances d'un enfant.

Si vous répétez trop souvent une question à laquelle il a déjà répondu, l'enfant, lassé, vous répondra qu'il ne sait pas, ou encore vous donnera une réponse absurde. Si, par exemple, vous lui montrez trop souvent le mot « cheveux » en lui demandant ce qu'il veut dire, il finira peut-être par vous répondre : « Éléphant ». Par ce reproche déguisé, il vous remet dans le droit chemin. Prenez-y garde.

Ne faites pas pression sur votre enfant.

Ne lui enfoncez pas de force les mots dans la tête. Ne soyez pas *résolu* à lui apprendre à lire à tout prix. Ne redoutez pas l'échec. (Comment pourriez-vous échouer? S'il n'apprend que trois mots, ce sera mieux que rien.) Vous ne devez *pas* lui apprendre à lire si lui ou vous n'en éprouvez pas l'envie. Apprendre à lire à un bébé est un acte positif – il ne faut jamais en faire un acte négatif. Si, au cours d'une séance de lecture, l'enfant manifeste de l'ennui, rangez les cartes pour huit jours. Rappelez-vous que vous n'avez absolument rien à perdre et tout à gagner.

Ne soyez pas tendu.

Si vous vous sentez tendu, ne cherchez pas à dissimuler cette tension. L'enfant est un instrument d'une sensibilité inimaginable. Il percevra votre nervosité et en ressentira un malaise subtil. Il vaut beaucoup mieux perdre un jour, ou même une semaine. N'essayez jamais de tromper l'enfant. Ce serait peine perdue.

Ne commencez pas par l'alphabet.

A moins que votre enfant n'ait déjà appris l'alphabet, ne le lui enseignez pas avant qu'il n'ait achevé de lire son premier livre. Sinon, vous risqueriez de ralentir ses progrès en lecture. Il aurait tendance à lire les lettres au lieu des mots. Souvenez-vous que ce sont les mots qui sont les bases du langage. S'il connaît déjà l'alphabet, vous pourrez malgré tout lui apprendre à lire. Les enfants sont merveilleusement malléables.
Voyons maintenant ce que vous devez faire.

Soyez gai.

Nous avons dit plus haut que des milliers de parents et de savants ont appris à lire à de petits enfants, en obtenant d'excellents résultats.
Nous avons lu l'histoire de ces gens, nous avons correspondu avec nombre d'entre eux, nous leur avons souvent parlé. Et nous avons constaté que leurs méthodes étaient très variables. Les uns s'étaient servis d'un papier et d'un crayon, les autres de machines compliquées qui leur avaient coûté très cher. Toutes ces méthodes, pourtant, et c'est un fait significatif, avaient en commun trois points d'une extrême importance.

a – Chacune d'elles avait été couronnée de succès.
b – Chacune d'elles employait de grands caractères.
c – Chacune d'elles soulignait l'absolue nécessité d'apprendre à lire au bébé dans la joie.

Les deux premiers points n'étaient pas pour nous surprendre, mais le troisième nous étonna.

Il faut se souvenir que les nombreuses personnes qui ont appris à lire à de tout jeunes enfants ne se connaissaient pas entre elles et que, souvent, plusieurs générations les séparaient.

Ce n'est pas une simple coïncidence si, toutes, elles en sont venues à la conclusion qu'il faut récompenser l'enfant de ses succès par de grands éloges. Ce qui est réellement surprenant, c'est que toutes (en 1914, en 1918, en 1962, et dans les endroits les plus divers), elles aient déclaré que l'attitude à adopter se qualifie d'un seul mot : elle doit être *joyeuse*.

On pourrait même dire que le succès remporté par une mère ou par un père qui apprend à lire à son bébé est en rapport direct avec la gaieté dont il témoigne.

La tentation était grande d'intituler ce dernier chapitre « Les folles têtes blondes ». Je veux vous conter, à ce sujet, une histoire brève, mais qui a son importance.

A l'Institut, nous avons, au cours des années, appris à estimer grandement les mères. Comme la plupart des gens, nous avons commis l'erreur de généraliser; ainsi, nous avons, pour la commodité de la chose, divisé en deux catégories les milliers de mères auxquelles nous avions affaire. La première catégorie, relativement restreinte, comprenait des femmes hautement intellectuelles, instruites, très calmes, et le plus souvent – mais pas toujours – intelligentes. Nous les avons appelées les « intellectuelles ».

Le second groupe, et de loin le plus nombreux, comprenait à peu près toutes les autres. Bien que ces femmes soient souvent intelligentes, elles sont enclines à être moins cérébrales et beaucoup plus enthousiastes que les premières. Nous les avons appelées « les folles têtes blondes », terme qui reflète plus leur enthousiasme que la couleur de leurs cheveux.
Comme toute généralisation, celle-ci est, bien entendu, très approximative.
Quand nous comprîmes que les femmes pouvaient et devaient apprendre à lire à leurs bébés, nous supposâmes, à juste titre, que toutes celles que nous connaissions seraient ravies, et qu'elles se mettraient à la tâche avec ardeur.
Selon nous, la majorité d'entre elles devaient y parvenir; mais nous prévoyions un succès plus grand pour le petit groupe d'intellectuelles que pour « les folles têtes blondes ».
Or, d'après les résultats des premières expériences, ce fut exactement l'inverse qui se produisit. Et les résultats qui suivirent ne firent que confirmer ces constatations initiales.
Toutes les mères avaient réussi au-delà de nos espérances, mais « les folles têtes blondes » devançaient de beaucoup les intellectuelles; et plus elles paraissaient « folles », mieux elles réussissaient.
Quand nous eûmes examiné les résultats, interrogé les mères et réfléchi à la question, les raisons de ce phénomène nous apparurent clairement.
Quand une mère « intellectuelle » demandait tranquille-

ment à son enfant de lui lire un mot ou une phrase, et que l'enfant s'exécutait sans se tromper, elle avait tendance à dire : « C'est parfait, Marie. Maintenant, quel est le mot suivant? »

En revanche, les mères moins intellectuelles étaient beaucoup plus portées à s'écrier : « Fantastique!... C'est merveilleux! » Et à manifester leur joie avec exubérance.

Là encore, l'explication est simple. Les tout petits comprennent et apprécient beaucoup plus les exclamations que les éloges bien choisis. Les enfants raffolent de ces manifestations – alors, donnez-leur ce qu'ils demandent. Ils le méritent, et vous aussi.

Il y a tant de choses que nous autres, parents, *devons* faire pour nos enfants!... Nous devons nous occuper d'eux, à tous les points de vue. Nous avons, comme eux, droit à la joie, et c'est justement ce que doivent être pour nous ces séances de lecture – une joie.

Mais si l'idée d'apprendre à lire à votre enfant ne vous sourit pas, abstenez-vous. Ne vous décidez pas pour le seul plaisir d'être « dans le vent » : vous seriez un mauvais professeur. Si vous lui apprenez à lire, faites-le parce que vous en avez envie – c'est encore la meilleure des raisons.

Nous occuper de nos enfants avec sollicitude, cela nous cause des satisfactions que nous ne devrions pas abandonner à des étrangers. En est-il de plus grande que celle qui consiste à leur ouvrir les portes donnant accès à tous les trésors de l'esprit, à toutes les merveilles contenues dans les livres ? C'est un privilège que devraient se réserver le père et la mère.

Faites preuve d'imagination.

Nous avons compris, depuis longtemps, que si l'on explique à une mère, en ce qui concerne son enfant, le but visé et la manière de l'atteindre, on n'a plus de souci à se faire. Les mères ont un esprit extraordinairement inventif; et du moment qu'elles connaissent les limites qu'il faut respecter, elles proposent souvent de meilleures méthodes que celles qu'on leur a indiquées.

Tous les enfants ont des traits communs, mais chaque enfant est aussi et avant tout un individu. Il est la résultante de sa famille, de sa vie, de son foyer. Comme ces éléments sont tous différents, la mère peut inventer beaucoup de petits jeux pour rendre à son enfant la lecture plus attrayante. Respectez les règles, mais allez de l'avant, et n'hésitez pas à ajouter ce que vous jugerez bon. N'ayez pas peur de prendre des libertés, dans le cadre du système que nous avons exposé ici.

Répondez à toutes les questions que votre enfant vous pose.

Il en posera des centaines. Répondez-lui sérieusement, et aussi précisément que possible. En lui apprenant à lire, vous lui avez ouvert une porte. Ne soyez pas surpris de la multitude des choses qui l'intéressent. La question la plus fréquente qui reviendra désormais est celle-ci : « Que veut dire ce mot ? » C'est ainsi qu'il apprendra maintenant à lire tous les livres. Répondez-lui. Si vous n'y manquez pas, son vocabulaire initial va s'étendre à un rythme extrêmement rapide.

Donnez-lui à lire des choses qui en vaillent la peine.

Il y a beaucoup de livres admirables; mieux vaut donc consacrer le moins de temps possible aux bêtises.

Le plus important, en fin de compte, c'est peut-être que la lecture vous donne l'occasion de passer plus de temps en contact personnel, intime, avec votre enfant. Saisissez toutes les occasions d'être auprès de lui. La vie moderne tend à écarter les mères de leurs enfants. Voilà une excellente occasion de les rapprocher. L'amour, le respect et l'admiration mutuels qui se développeront grâce à ce contact valent mille fois le peu de temps que vous devrez y consacrer.

Il ne semble pas inutile, pour terminer, de nous demander brièvement quelle sera, à l'avenir, l'importance de cette innovation.

Tout au long de l'Histoire, l'homme a caressé deux rêves. Le premier et le plus simple, c'était d'améliorer le monde qui l'entourait. Il y a réussi, à un degré extraordinaire. Au début du siècle, il ne pouvait guère voyager à plus de 160 kilomètres à l'heure. Aujourd'hui, il fonce dans l'espace à plus de 26 000 kilomètres à l'heure. Il a mis au point des médicaments miraculeux, qui vont doubler la durée de la vie. Il a appris à projeter au loin, par la radio et par la télévision, les voix et les images. Ses

constructions sont de véritables prodiges de hardiesse, de beauté, de chaleur et de confort. Il a transformé prodigieusement l'univers qui l'entoure.
Mais qu'en est-il de l'homme lui-même? Certes, il vit plus longtemps, grâce à ses nouveaux remèdes. Il se développe mieux, grâce aux moyens de transport qui mettent à sa disposition une plus grande variété d'aliments, venus des pays lointains.
Mais l'homme lui-même est-il meilleur? Existe-t-il aujourd'hui de plus grands génies que Léonard de Vinci? De plus grands écrivains que Shakespeare? Des hommes doués d'une puissance d'anticipation, d'un savoir supérieurs à ceux de Franklin ou de Jefferson?
Depuis des temps immémoriaux, des hommes caressent aussi l'autre rêve... Le monde, autour de nous, devenant chaque jour plus complexe, nous avons besoin d'une nouvelle race d'hommes, d'une race meilleure et plus sage.
Par la force des choses, chacun se spécialise, se rétrécit de plus en plus. On n'a plus le temps de tout savoir. Pourtant il faut trouver le moyen de faire face à la situation, de donner à plus de gens la possibilité d'acquérir la somme immense des connaissances qui ont été accumulées par l'homme.
Il n'est pas possible de résoudre ce problème en prolongeant sans fin nos études. Qui dirigerait le monde?... Qui gagnerait le pain quotidien?
Prolonger encore la vie n'est pas non plus une solution. Si un génie comme Einstein avait vécu cinq ans de plus, aurait-il ajouté encore beaucoup aux connaissances

humaines? C'est peu probable. La longévité ne contribue pas à la puissance créatrice.
Peut-être la réponse vous est-elle déjà venue à l'esprit. Supposez qu'un plus grand nombre d'enfants aient accès, quatre ou cinq ans plus tôt, au trésor des connaissances. Imaginez les conséquences possibles, si Einstein avait pu jouir de cinq années supplémentaires de vie créatrice... Imaginez ce qui se produirait si les enfants commençaient à assimiler la sagesse et le savoir du monde plusieurs années avant l'âge où ils s'y essaient aujourd'hui.
Quelle race d'hommes verrait le jour, si nous cessions de gaspiller absurdement les étonnantes capacités de l'enfance?
A présent, il n'est plus question de savoir si les très jeunes enfants peuvent ou non apprendre à lire; il est question de savoir ce qu'on leur donnera à lire.
Le véritable problème, on le voit, maintenant que nous avons découvert le secret, est un problème neuf. Puisque les petits enfants sont capables de lire et d'accroître ainsi leurs connaissances – vérité que nul n'eût osé imaginer – que feront-ils plus tard de ce vieux monde? De quelle indulgence ne devront-ils pas faire preuve à l'égard de leurs parents, qui, à leurs yeux, auront sans doute été bien gentils, mais pas très brillants!
On a dit, il y a longtemps, et cette parole est sage, que la plume est plus forte que l'épée. Il faut, je crois, accepter l'idée que la connaissance, en rapprochant les êtres, mène au bien, tandis que l'ignorance conduit au mal.
Déjà, de tout jeunes enfants ont appris à lire... Si un

seul bébé apprenait à lire plus tôt et mieux, grâce au présent livre, il eût valu la peine de l'écrire. Qui peut dire ce qu'un enfant supérieurement doué peut apporter au monde? Quel sera, en fin de compte, l'avantage que l'homme pourra tirer de ce changement, qui prendra peut-être le caractère et les proportions d'une révolution pacifique?

Achevé d'imprimer en février 1993
sur les presses de
l'Imprimerie Carlo Descamps
59163 Condé-sur-l'Escaut
Dépôt légal: avril 1983
N° d'imprimeur: 7864
N° d'éditeur: 12